KB010230

루첼라이 정원의 산책자들

강인순 지음

더숲
은책
조종

전체 여정지도

OUT

로마

2일차 : 이스탄불·카타니아
3일차 : 카타니아·시라쿠사
4일차 : 시라쿠사·아그리젠토·타오르미나
5일차 : 타오르미나·팔레르모·나폴리
6일차 : 나폴리·포지타노·아말피·나폴리
7일차 : 나폴리·로마
8일차 : 로마
9일차 : 로마·이스탄불
10일차 : 인천

나폴리   아말피
포지타노

팔레르모   타오르미나
카타니아
아그리젠토
시라쿠사

IN

시칠리아 지역 지도

일정 동선

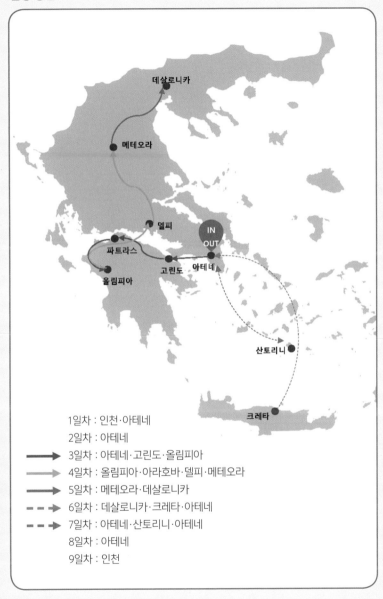

1일차 : 인천·아테네
2일차 : 아테네
➔ 3일차 : 아테네·고린도·올림피아
➔ 4일차 : 올림피아·아라호바·델피·메테오라
➔ 5일차 : 메테오라·데살로니카
⇢ 6일차 : 데살로니카·크레타·아테네
⇢ 7일차 : 아테네·산토리니·아테네
8일차 : 아테네
9일차 : 인천

목 차

들어가며

유럽 여행을 많이 다녀온 사람들에게서 자주 들었던 말은 그리스는 가장 마지막에 방문해야 할 곳이라는 얘기였다. 서양 문화의 기원이 되는 최초의 문명이 고대 그리스에서 태동했기에 그리스를 먼저 방문한 뒤 프랑스, 독일, 영국 등을 찾는다면 그곳의 유서 깊은 건축물과 문화재들이 그리 대단해 보이지 않을 수도 있다는 이유에서였다.

그 사실을 미리 알아서는 아니었지만 프랑스어를 전공하고 오랫동안 프랑스 문화에 관심을 가졌던 나도 언제부턴가 그 문화의 기원에 대해 알고 싶다는 생각이 있었다. 하지만 이상하게도 그리스에 갈 기회는 오지 않았다. 그동안 일 때문에 또는 순수한 관광차 유럽을 많이 돌아다녔는데도 말이다. 그러다 60이 넘어 '루첼라이 정원'이란 인문학 강좌를 들으면서 그리스 여행 기회가 찾아왔다.

'루첼라이 정원'은 삼성경제연구소에서 '세리 CEO'를 기획하고 만들었던 강신장 대표가 2016년 인문학적 소양을 기르는 것을 모토로 구성한 인문학 고전 강독 모임이다. 이탈리아 문예부흥을 이끈 도시 피렌체의 루첼라이 가문이 16세기 초 세운 학당 이름에서 유래했다. 연세대학교 신과대학의 김상근 교수가 모임을 이끄는데 나는 5기로 이 과정에 들어갈 수 있었다.

그리스 고전 공부는 무척 재미있었다. 수학자 피타고라스, 물리학자 아르키메데스, 철학자 소크라테스, 플라톤, 아리스토텔레스, 역사의 헤로도토스와 투키디데스, 의학의 아버지 히포크라테스 그리고 문학에서 호메로스, 아이스퀼로스, 소포클레스와 에우리피데스 등등. 공부를 하면서 거의 모든 학문의 근간이 바로 고대 그리스인들의 연구 결과였다는 사실을 깨닫고 더욱 그리스 공부에 빠져들게 되었다.

이런 특출난 삶의 지혜를 터득했던 고대 그리스인들의 뛰어난 성취를 단 10번의 고전 강의로 끝내야 하는 것이 무척 아쉬웠다. 하지만 강좌가 끝난 후 답사 여행을 떠나게 된다는 설레임에 강의 시간에 받았던 책들을 다시 정독하기로 했다.

우선 호메로스의 고대 그리스 영웅서사시인 《일리아스》를 읽기 시작했다. 트로이아 전쟁 10년 중 마지막 51일간의 전투를 운문으로 그려낸 책이다. 그리스 연합군 최고의 전사인 아킬레우스의 분노로 시작해 트로이아 최고의 영웅인 헥토르의 죽음까지 이어지는 이 책에서 가장 감동적인 것은 죽음을 두려워하지 않는 용기와 곧 죽음이 닥치는 위기에서도 자신보다는 사랑하는 사람을 염려하는 영웅들의 마음 씀씀이였다. 이를 보면 3,000여 년 전 척박한 땅에서 힘든 삶을 영위하면서도 서양 문명의 뿌리가 되는 문화적 성취를 이뤄낸 고대 그리스인의 지혜와 용기에 감탄하는 마음이 절로 들었다. 이렇게 고대 그리스인들과 사랑에 빠지면서, 나는 이 답사여행을 기록으로 남기고 싶다는 의욕에 불타올랐다.

2019년 2월 드디어 꿈에 그리던 그리스 여행을 시작했다. 오랜 기다림 끝에 올랐던 그리스 여행길은 출발부터 남달랐다. 30여 명의 비행기 좌석 확보가 여의치 않아 두 팀으로 나누어서 출발했다. 루프트한자 비행기로 여행하는 팀은 뮌헨에서 그리고 알리탈리아 탑승 팀은 로마에서 환승하는 각기 다른 스케줄이었다. 나는 뮌헨에서 환승하는 독일 경유 팀에 배정되었다. 단순하게 여행 스케줄로만 보면 이탈리아 경유 팀이 더 좋을 것 같았다. 하지만 '인간만사 새옹지마'라는 말이 여기서도 적용됐다. 루프트한자 팀에게는 '시티 투어'라는 보너스가 기다리고 있었기 때문이다. 두 시간이라는 제한된 시간은 생각보다 여유로웠다. 중심가에 있는 오페라 하우스 앞에서 또 개선문 앞에서 사진도 찍고 맥주까지 한 잔씩 마시며 뮌헨의 싸늘한 밤공기를 만끽하는 보너스 여행을 즐겼다.

목적지인 아테네 공항에 도착했을 때는 새벽 1시가 훌쩍 넘었으니, 거의 하루를 공항과 비행기에서 보낸 셈이다. 테세우스를 만나러 가는 길은 이렇게 시작부터 고단한 일정이었다. 긴 비행시간에 몸은 피곤했지만, 마음만은 고교 시절 수학여행 때처럼 설렘으로 들떠 있었다. 그런데 호텔로 가는 버스에서 마이크를 잡으신 교수님의 당부는 마냥 부풀었던 학생들의 기대에 찬물을 확 끼얹는 것 같았다.

"우리는 그냥 놀러 온 것이 아닙니다. 옛날 이태리로 그랜드 투어를 떠났던 유럽 귀족들처럼 이번 여행은 위엄을 갖추고 나보다는 다른 사람을 배려하는, 의미 있는 여행이 되어야 합니다."

그리스 도착 첫날 교수님의 메시지 덕분에 인문학 공부 후 첫 여행이라는 기대감과 설렘으로 마냥 들떠 있던 일행들은 마음을 가라앉히고 차분하게 다시 한번 이 여행의 의미를 생각해보게 되었다. 고단했던 그리스 여행은 이렇게 시작되었다.

^1

그리스

아리아드네에서
메르쿠리까지

건축물에도 그리스 철학이

● 아테네의 아크로폴리스. 왼쪽에 파르테논이 오른쪽에 에렉테이온이 자리하고 있다.
아크로는 그리스어로 높다는 뜻으로 각 도시의 높은 곳에 자리한 요새를 뜻하는데,
아테네의 아크로폴리스가 유명해서 마치 고유명사처럼 아크로폴리스하면
아테네를 떠올리게 된다.

아테네의 첫인상은 유럽 여느 도시와 크게 다르지 않았다. 새벽에 공항에 도착할 때 하늘에서 내려다본 풍경도 그렇고, 시내로 들어올 때 마주친, 밤의 정적을 감싸고 있는 고요한 도시의 불빛도 흔히 볼 수 있는 모습이었다.

하지만 다음 날 아침 식사를 하러 식당에 들어섰을 때 유리창 너머로 한눈에 들어오는 아크로폴리스를 보면서 비로소 그리스의 아테네에 왔다는 사실을 다시 한번 실감했다. 처음에는 좋은 호텔이라서 아크로폴리스가 다 보인다고 좋아했는데, 그건 착각이었다. 다녀보니 아테네 시내에서는 어디에서나 아크로폴리스가 보였다. 아테네의 수호신인 아테나 여신을 모시는 파르테논 신전을 폴리스에서 가장 높은 언덕 위에 건축했다는 사실 하나만으로도 고대 아테네 시민들이 도시의 수호신을 얼마나 신성시했는지 짐작할 수 있었다.

정의가 구현되던 '신의 언덕'

아테네에서의 첫 일정은 아레오파고스를 오르는 것으로 시작했다. '아레스 신의 언덕'이라는 의미를 가진 이곳은 전쟁의 신 아레스의 살인죄를 판결하기 위한 재판이 열렸던 장소다. 그리스 신화에 따르면 아레스는 자신의 딸을 겁탈하려던 포세이돈의 아들을 죽인 살인죄로 고대 그리스 최초로 신의 재판을 받게 된다. 그리고 딸을 구하기 위한 아버지의 정당방위가 인정되면서 무죄 판결을 받았던 법정이 열렸던 역사적인 장소다.

신만이 아니라 인간에 대한 최초의 배심원 재판도 이곳에서 열렸다. 아이스퀼로스의 《오레스테이아》 3부작 중 〈자비로운 여신들〉에 나오는 이야기다. 오레스테스는 아폴론의 신탁에 따라 아버지 아가멤논을 살해한 어머니 클리타임네스트라에게 복수를 감행했다. 하지만 존속살인죄를 묻는 복수의 여신 에리니에스 세 자매의 추격을 견디다 못해 아테나를 찾아와 이 법정에 서게 된다. 아테네 시민들로 구성된 배심원들의 투표에서 유죄와 무죄가 동수로 나오자, 재판장인 아테나 여신은 캐스팅 보트 역할을 하며 그의 무죄에 손을 들어줌으로써 마침내 오레스테스는 무시무시한 복수의 여신에게서 벗어나 자유의 몸이 될 수 있었다.

우리 속담에 '형만 한 아우 없다'라는 말은 모든 일에 형이 아우보다 낫다는 의미이지만, 저주받은 아트레우스 가문에 대대로 내려온 처절한 보복과 한풀이를 마침내 끝낼 수 있었던 것은 엘렉트라, 크리소테미스 두 누이 대신 막내인 오레스테스가 마치 알렉산드로스 대왕이 고르디우스의 매듭을 끊듯 모친 살해라는 어려운 결단을 내렸기 때문이다. 한국인 정서에는 맏이가 가장 책임이 무거운 힘든 역할로 여겨지지만, 대신 막내는 집안에서 온갖 궂은 심부름을 도맡게 된다.

오레스테스의 고충을 떠올리며 언덕을 오르기 시작했다. 아직 2월이었지만 아테네의 날씨는 늦가을처럼 청명해서 걷기에 더할 나위 없이 좋았다. 더구나 비수기라 관광객이 많지 않아 여유롭게 이동할 수 있어 상쾌했다. 하지만 고대 그리스 최초로 배심원 재판이 열렸던 역사적인 장소로 오르는 길이 계속 완만한 경사로로 이어지지만은 않았다. 언덕으로 오르는 대리석 계단은 얼마나 많은 관광객이 오르내렸던지 반들반들하고 미끄러워 오를 엄두가 나지 않았다. 다행히 바로 옆에 철제 계단이 있어 그리로 올라갔다.

도심에서 암벽투성이의 작은 언덕을 만난 것은 독특한 경험이었다. 바위 위도 평평하지 않아 발밑을 조심하면서 자리 잡아야 했지만, 힘들게 올라온 만큼 감동도 그에 비례해 커졌다. 남산에 올라 바라보는 서울처럼 아테네 시내가 발아래 펼쳐져 있었다. 사도 바울이 아테네 시민들에게 처음 기독교 교리를 전파했던 장소도 바로 이 바위 위라고 하니 역사적으로 많은 의미를 담고 있는 험준한 언덕이다. 다시 눈길을 돌리니 더 높은 곳에 아크로폴리스가 당당하게 서 있었다. 아레오파고스는 이 도시에서 가장 높은 곳으로 오르는 첫 번째 관문인 셈이다.

파르테논 신전의 '현관' 프로필라이아

그 옛날 신들을 모셨던 신전으로 오르는 길도 아레스의 언덕 못지않게 미끄러워 조심스럽게 걸음을 옮겼다. 갑자기 가파른 등산로처럼 높은 계단으로 오르는 길이 나타났다. 다시 기운을 내서 오르니 발밑으로 아레오파고스가 눈에 들어왔다. '아, 제법 높이 올라왔네!' 가쁜 숨을 내쉬며 뒤돌아보니 웅장하고 아름다운 대리석 기둥의 건축물이 보였다. 신전으로 들어가기 전 오늘날 건물의 현관이라 할 수 있는 '프로필라이아'(입구 건물)에 도착한 것이다.

신을 만나러 가는 길에는 쉬운 게 하나도 없었다. 이 도시에서 가장 높은 아크로폴리스에 당도했지만 입구가 되는 또 하나의 관문이 기다리고 있었으니 말이다. 아래에서 올려다본 대리석 기둥은 무척 높고 장엄했지만, 기둥마다 세로로 홈을 파 만든 줄무늬가 단아한 우아함을 보여주고 있었다. 그야말로 대리석을 떡 주무르듯이 조각한 고대 그리스 조각가들의 솜씨에 절로 경탄이 나

● 파르테논을 보려면 반드시 통과하는 관문인 프로필라이아. 가파른 계단을 오르느라 가쁜 숨을 돌리며, 신을 만나러 가기 전 잠시 호흡을 가다듬게 된다.

왔다.

드디어 첫 번째 관문인 프로필라이아의 높은 기둥을 통과하자, 탁 트인 넓은 공간이 눈앞에 펼쳐졌다. 구름 한 점 없이 맑게 갠 지중해 하늘 아래 외롭게 서 있는 파르테논 신전이 바로 그곳에 있었다. 아침에 호텔 식당에서 유리창 너머로 바라본 신전 건축물은 위풍당당한 모습이었는데, 바로 눈앞에서 마주친 모습은 어지럽게 흩어져 있는 주춧돌과 돌기둥으로 쓸쓸한 아름다움만 남아 있었다. 유네스코 세계문화유산 제1호의 아름다움은 고색

창연한 폐허 그 자체였다. 그 옛날 찬란했던 황금기를 보내고는 줄곧 타민족의 지배하에 살아온 그리스인들과 함께 2,500여 년의 힘든 세월을 버텨낸 건축물이라 생각하니 신전이 예사롭게 보이지 않았다.

영광의 흔적은 주춧돌과 돌기둥뿐

심한 폭풍우로 제1차 그리스 원정에 실패한 페르시아의 다리우스 1세는 2년 후인 기원전 490년 2차 그리스 침공 시 아테네 동북부 마라톤 해안에 상륙했다. 아테네의 명장 밀티아데스는 스파르타의 지원군을 기다릴 수 없어 특수 전법을 구사하며 수적 열세를 극복하고 총공세를 펼쳐 승리했다. 오늘날 마라톤 경기의 기원이 된 마라톤 전투이다. 다시 10년 후 기원전 480년 다리우스 1세의 아들인 크세르크세스가 대군을 이끌고 마지막으로 그리스로 쳐들어왔을 때, 해군이 강한 아테네는 좁은 살라미스 해협으로 적을 유인해 승리를 거두고 페르시아는 퇴각했다.

대제국 페르시아를 두 번이나 물리치는 데 가장 큰 공을 세운 아테네의 자부심은 하늘을 찌를 듯 드높았다. 그래서 전쟁으로 폐허가 된 옛 신전을 허물고 그 자리에 도시를 지켜주는 처녀신 아테나 파르테노스에게 바치는 멋진 신전을 다시 건축하게 된

- 아테나와 포세이돈이 아테네 수호신 자리를 놓고 경쟁하는 모습을 담은 부조.
  창과 방패를 든 아테나 뒤로 올리브나무가 보인다.

다. 아테네 민주주의를 완성한 지도자 페리클레스의 주도하에 기원전 447년 시작된 파르테논 공사는 16년간 이어져 기원전 432년 아크로폴리스 언덕 위 옛 신전 터에 다시 우뚝 서게 됐다. 아테네는 그리스 최고의 폴리스라는 자부심으로 최전성기를 맞게 되지만 페르시아 제국의 재침략에 대비하기 위해 300여 개의 도시 국가들이 전쟁 기금으로 공동 마련한 델로스 동맹의 재원을 아테네가 독단으로 사용하면서 완공 1년 후인 431년 도시 국가의 몰락을 재촉하는 내전에 휘말리게 된다.

아테네 시민들의 정체성과 자긍심은 페디먼트로 불리는 동쪽 삼각형 박공지붕에 새겨진 여신의 탄생 과정을 보여주는 부조에 잘 나타나 있다. 올림포스 12신 중 유일하게 아버지 제우스 신의 머리에서 탄생한 아테나 여신은 놀랍게도 머리에는 투구를 쓰고 한 손에는 방패를 든 채 태어났다.

후면인 서쪽 박공지붕에는 그리스 최고의 폴리스 아테네의 수호신 자리를 차지하기 위해 아테나 여신과 포세이돈이 각축전을 벌이는 모습을 부조로 남겼다. 세상에 공짜는 없는 법인지라, 수호신 자리를 얻기 위해 두 신은 아테네 시민들에게 선물 공세를 펼쳤다. 포세이돈은 삼지창으로 바위를 뚫어 샘을 만들어주었고, 아테나는 평화와 풍요의 상징인 올리브 나무를 선사했다. 혜안을 가진 아테나 여신 덕분에 올리브는 지금도 그리스의 중요한 수출품이다.

우아하고 단아한 여성미 에렉테이온 신전

조금 전 아크로폴리스로 올라올 때는 오른편에 있는 웅장한 파르테논 신전만 눈에 들어왔는데, 왼쪽에 있는 아담하고 독특한 형태의 에렉테이온 신전이 비로소 눈길을 사로잡는다. 아테네의 건국 시조로 알려진 전설적인 왕 에렉테우스를 기리는 이 신전은 크기에 비해 다소 복잡한 디자인으로 건축돼 첫눈에 그 독창적 아름다움을 간파하기는 힘들다. 하지만 어느 시 구절처럼 자세히 보니 예쁘고, 여행이 끝난 후에도 사진으로 자꾸 보니 독특한 디자인이 오래 기억에 남는다.

파르테논 신전이 압도적으로 웅장하고 간결한 남성적인 면모로 대칭적 통일감을 보여주고 있다면, 에렉테이온 신전은 우아하고 단아한 여성적인 비대칭성이 돋보인다. 에렉테이온 신전 동쪽

- 서쪽 방향에서 본 에렉테이온 신전.
  아테나가 가져다 준 올리브 나무가 아직 자라고 있다고 한다.

6개의 이오니아식 기둥은 도리스식 기둥머리를 한 파르테논과
극적인 대비를 이룬다. 원래 그리스 신전 공식대로라면 동쪽에
세운 이오니아식 6개의 기둥을 맞은편 서쪽에도 똑같이 세워야
하지만, 지면의 높낮이가 다른 단점을 보완하기 위해 기둥을 4개
만 세우고 북쪽 신전의 기둥을 측면으로 서쪽에 세웠다. 그래서
서쪽에서 바라본 신전은 북쪽 기둥 2개, 서쪽 기둥 4개 그리고 남
쪽 카리아티드 기둥 1개까지 각각 다른 크기와 모양의 6개 기둥
을 모두 품고 있었다. 너무 복잡한 디자인으로 자칫 통일감이 없
어 보일 수도 있지만 오히려 전체 건물 중 가장 멋진 조화를 이루

고 있어 천재적인 건축가의 재능이 빛을 발하는 것 같다. 서쪽 기둥 앞에서 자라고 있는 올리브 나무를 보니 아직도 수호신 아테나가 시민들을 지켜주고 있는 것 같았다.

에렉테이온 신전의 백미는 파르테논에서 걸어오면 처음 눈에 들어오는 남쪽 면이다. 막힌 벽 앞으로 돌출된 테라스를 만들어 기둥 대신 카리아티드라 불리는 아리따운 소녀상을 세워 놓았다. 벽을 제외한 나머지 세 면을 돌아가며 세워 놓은 6개의 카리아티드는 모두 정면을 향해 있는데, 4개는 앞쪽에 그리고 각각 측면에 1개씩 세워서 동서 방향에서도 모두 기둥이 보이게 만들었다. 작은 규모의 신전이 이렇게 복잡하게 건축된 것은 동쪽과 남쪽이 평지인데 반해 서쪽과 북쪽은 반지하의 형태로 땅의 지면이 고르지 않은 악조건하에서 건축됐기 때문이라고 한다. 건축에서 최악의 조건이라고 할 수도 있는 높낮이가 고르지 않은 대지의 단점을 오히려 장점으로 승화시킨 좋은 사례로 보였다.

꽤 넓은 아크로폴리스 언덕 위에 파르테논 신전만 남아 있었다면 정말 황량했을 것 같다. 하지만 왼편 모퉁이에 에렉테이온 신전이 함께하고 있어 파르테논의 웅장한 아름다움이 다시 한번 눈에 들어왔다. 정면에서 바라본 신전의 기단과 기둥은 모두 직선으로 보이지만, 파르테논 건축물에 직선은 하나도 없다고 한다. 눈의 착시현상까지 고려해 모든 기둥은 중간 부분을 조금 볼록하게 만든 배흘림 기법으로 건축했다. 언젠가 우리나라에서 가장 오래된 목조건물인 영주 부석사의 무량수전 본전 건물의 기둥이 배흘림 기법으로 건축돼 아름답다는 답사기를 읽었던 기억이 새롭다.

수호신 아테나 여신에게 바치는 신전을 이렇게 세심하게 건축한 아테네 시민들의 지극정성이 눈물겹다. 아테나 여신을 위해 지은 신전이지만 그 건축물의 아름다움을 즐기는 것은 고스란히 인간들 몫이므로, 파르테논 신전은 신에게 봉헌한 건축물인 동시에 인간을 위해 건축한 건축물이라고도 할 수 있을 것 같다.

약소국의 아픔, 부서지고 뜯기고

복원공사로 철제 빔에 둘러싸인 신전을 보고 있으면 파르테논 신전의 기구한 역사가 떠오른다. 오스만제국 통치기에는 탄약을 보관하는 창고로 쓰였는데, 1687년 베네치아군의 총사령관 모리시니가 오스만을 공격할 때 쏜 포탄이 화약고에 떨어지면서 신전 내부가 대부분 파손됐다. 설상가상으로 19세기 초 당시 영국 외교관이었던 엘긴 경이 신전 안쪽 기둥의 연속돌림띠장식(프리즈) 조각 대다수를 오스만제국 묵인하에 뜯어갔다.

때문에 파르테논 조각들이 알아볼 수 없을 정도로 크게 훼손되었지만, 오늘날까지 정확한 복원도가 남아 있는 것은 선견지명이 있었던 한 화가 덕분이라고 한다. 이런 불상사를 예견한 듯, 그는 베네치아의 폭격이 있었던 바로 몇 해 전 이곳을 답사하고 건물 세부를 스케치로 자세히 남겨 놓았다.

엘긴 경이 영국으로 가져간 대리석 조각은 현재 대영박물관 주요 전시실에 고이 모셔져 있다. 그리스에 남아 있는 파르테논 대리석 조각상보다 대영박물관에 있는 부조가 양적으로는 물론 질적으로도 더 뛰어나기 때문에 파르테논 신전의 조각상을 제대로 보려면 꼭 영국 런던에 있는 박물관에 가서 봐야 하는 슬픈 역사가 이렇게 탄생했다. 약소국의 설움이 그리스만의 이야기가 아니라서 더욱 공감이 간다.

세계적인 성악가 마리아 칼라스만큼 우리에게 잘 알려진 그리스인은 아마도 동시대를 살았던 영화배우 멜리나 메르쿠리일 것이다. 그녀는 배우로 전성기였던 1962년 린딘을 방문했을 때 대영박물관의 엘긴스 룸에 전시돼 있던 그리스 유물을 보고 이렇게 분노했다고 한다.

"이 유물들은 엘긴의 조각이 아니라 파르테논 신전의 조각들이다."

그 후 여성 최초로 문화부 장관이 된 그녀는 1983년 공식적으로 그리스 유물의 반환을 영국 정부에 요구했지만, 다음 해 영국 정부는 정식으로 반환 요청을 거절했다. 하지만 그녀의 유지는 멜리나 메르쿠리 재단의 활동으로 계속 이어지고 있다고 한다.

메르쿠리와 박병선 박사를 떠올리다

대한민국에도 메르쿠리처럼 고국의 문화재를 사랑했던 영웅이 있다. 바로 외규장각 《의궤》의 존재를 처음으로 모국에 알린 고 박병선 박사다. 한국전쟁이 끝난 후의 혼란이 여전했던 1955년 프랑스로 유학을 떠났던 지식인이었다. 유학길에 오르기 전 은사 이병도 박사의 말 한마디가 그녀의 인생을 바꿔놓았다.

"네가 프랑스에 가서 공부를 하게 됐으니, 병인양요 때 프랑스군이 약탈해간 외규장각 《의궤》를 꼭 찾아보거라"

오랜 시간이 지나서 그녀는 프랑스 국립도서관에서 동양고서원 연구원 자격으로 일하게 된다. 그리고 한국을 떠난 지 22년 만인 1977년 베르사유에 있는 국립도서관 별관의 고문서 파손 창고에서 중국 서적으로 분류돼 버려지다시피 방치된 《의궤》를 보고 분노했다. 《의궤》의 존재를 고국에 알리고 프랑스에 외규장각 《의궤》의 반환을 요구하는 길을 모색하다 13년간 일했던 직장에서 해고됐지만 포기하지 않았다. 그리고 여러 우여곡절을 거쳐 드디어 2011년 외규장각 《의궤》 297권이 145년 만에 고국의 품에 안길 수 있었다. 비록 영구 대여라는 형식으로 돌아온 것이기는 하지만.

박병선 박사는 의궤가 고국의 품에 안긴 그해 11월 타향에서 쓸쓸히 세상을 떴다. 눈을 감을 때까지 그는 무슨 생각을 했을까.

아마도 당신에게 큰 미션을 주었던 은사께 자신의 임무를 마지막까지 수행했노라 말씀드리고 숨을 거두지 않았을까 헤아려봤다.

이를 떠올리면 '분노'를 부정적으로만 볼 것은 아니란 생각이 든다. 메르쿠리나 박병선 박사의 경우처럼 역사를 바로잡을 수 있는 분노도 있으니 말이다. 호메로스의 《일리아스》 첫 문장은 아킬레우스의 분노로 시작한다. 그의 분노가 처음에는 절친 파트로클로스의 죽음으로 이어졌지만, 다시 긍정적인 효과를 발휘해 트로이아의 으뜸 가는 전사인 헥토르를 죽음에 이르게 한다.

우리는 흔히 "좋은 게 좋은 거다" 이런 말들을 너무나 쉽게 하고는 한다. 하지만 이런 말이 모든 경우에 다 해당되는 것은 결코 아니다. 정말 분노해야 할 일을 앞에 두고 분노하지 않는다면 우리에게는 암울한 미래만 기다리고 있을 뿐이라는 것을 의식 있는 두 지성인의 치열한 삶에서 얻을 수 있었다.

메르쿠리의 문화재 반환 운동

● 에렉테이온 신전에서 떼어낸 진품 카리아티드.
앞줄 왼쪽 두 번째 빈자리는 대영박물관에 있는 조각상을 위해 비워둠.

폐허의 파르테논 신전을 뒤로하고 찾은 다음 목적지는 뉴아크 로폴리스 박물관이다. 신전에서 불과 300여 미터 떨어진 곳에 있는 박물관은 외관부터 범상치 않았다. 유리와 콘크리트 같은 현대적인 소재를 주로 사용했지만, 건축물 자체는 오래전부터 그 자리에 있었던 듯 주변과 무척 잘 어울렸다. 메인 건물 앞 굵은 기둥 네 개 위에 살포시 내려앉은 듯 얹혀 있는 지붕은 마치 비행기 날개처럼 날렵한 자태를 뽐내고 있었다. 박물관 입구로 가기 위해 무심코 계단을 내려가다 유리로 된 바닥에 잠깐 긴장했다. 마치 구름다리 위를 걷듯 조심조심 발걸음을 옮기며 아래를 내려다보니 지반 공사 때 발굴된 유적들을 고스란히 복원해 놓았다.

유리 바닥 아래 잠든 4천 년 전 유적

지붕 아래 바닥은 유리 발판을 없애고 난간을 설치해 놓아 지하층 발굴 유적들을 그대로 내려다볼 수 있었다. 지하와 1층 사이의 물리적인 거리는 전시장 한 층 높이 정도였지만, 그 순간 느꼈던 감동을 단순하게 공간적인 개념만으로 설명하기는 어려울 것 같다. 4,000여 년의 시간을 뛰어넘어 그 당시 살았던 아테네 폴리스 시민들의 삶의 한 단면을 보고 있으니 어느새 타임머신을 타고 청동기 시대로 돌아간 것 같았다. 아크로폴리스 언덕 위에 건축된 현대적인 건물이 주변과 자연스럽게 조화를 이룰 수 있었던 것은 지하층 유적지가 발굴된 공간을 그대로 개방해 마치 박물관 전시공간의 한 부분처럼 보이도록 설계한 획기적인 아이디어 덕분인 것 같았다.

몇 해 전 서울 한복판 공평

- 박물관 공사중 발견된 거주지 유적터.
  발판 유리를 없애고 난간을 만들어 지상에서
  그대로 내려다볼 수 있게 조성했다.

동에서도 건물을 신축하면서 조선 시대 시전이 있었던 길과 집터가 발굴되어 보관하고 있다. 면적이 무척 넓어 전시장을 모두 둘러보는 데 생각보다 시간이 좀 걸렸다. 그런데 이런 훌륭한 역사자료관에 관람객은 몇 명 눈에 띄지 않아 좀 아쉬웠다. 하드웨어는 잘 만들어 놓았는데 그것을 제대로 활용을 못 하고 있다는 느낌이 들어 안타까웠다.

이 장면에서 자신들의 문화를 세계에 알리는 데 천재적인 솜씨를 발휘하는 프랑스 얘기를 안 할 수가 없다. 루브르 박물관도 미테랑 대통령의 '그랑 루브르 계획'(프랑스 혁명 200주년에 맞춰 계

● 파르테논 신전 박공지붕 삼각형 양 끝을 장식했던 두 점의 니케상이
전시장 입구에서 관람객들을 반기는 듯 우뚝 서 있다.

획한 대대적인 문화 건축 프로젝트)에 따라 유리 피라미드를 세우면서 1988년 지하에 묻혀 있던 중세 성벽 구조물을 발굴했다. 공평동의 조선 시대 시전 터나 루브르의 중세 성벽 구조물 그리고 아크로폴리스의 고대 그리스인의 주거지는 개발 공사가 없었다면 지금까지 그대로 땅속에서 잠자고 있을 유적이다. 결국 옛 유적지나 유물을 새로 찾기 위해서는 도시 개발을 해야 한다니 아이러니가 아닐 수 없다.

눈길 사로잡는 신전 모형들

드디어 구세계 유적과 유물들을 보기 위해 신세계 입구로 들어왔다. 아레오파고스와 아크로폴리스에서는 관광객이 많지 않았는데, 박물관 티켓 부스 앞에 오니 창구가 좀 붐볐다. 입구에서도 전시장 내부가 훤히 보였는데, 높은 단 위에 서 있는 니케 상 두 점이 입장객들에게 빨리 들어오라고 따뜻한 손짓을 보내고 있는 듯했다. 다행히 오래 기다리지 않고 입장할 수 있었다.

사방이 확 트인 널찍하고 환한 전시공간은 마치 갤러리 같은 분위기를 연출하고 있었다. 개찰구 통과 후 환한 빛의 세계로 빨려들었다. 약간 경사진 언덕길을 올라가는 것처럼 슬로프로 만들어 놓은 전시장에서는 걷는다는 느낌보다는 저절로 자연스럽게 물결처럼 밀려가면서 시선은 통로 양쪽에 있는 유리장을 부지런히 살폈다. 유리 발판 아래쪽에도 도자기 파편 같은 것들을 전시해 두고 있었다. 2층 입구에는 조금 전 보고 왔던 프로필라이아와, 너무 높이 있어 놓쳤던 아테나 니케 신전 그리고 에렉테이온 신전을 모형으로 만들어 놓았는데 마치 처음 보는 건축물처럼 새로웠다.

싱그러운 청춘 남녀상 쿠로스와 코레

2층 갤러리에 전시된 조각품들은 그리스 미술에서 아르카익(Archaic)이라 불리는 상고기 작품들로 기원전 8세기부터 제2차 페르시아 전쟁이 끝난 기원전 480년까지의 조각들을 전시하고 있었다. 수많은 조각이 관람객이 지나는 동선 사이사이에 자유롭게 자리하고 있었다. 하지만 그 자유분방해 보이는 동선에는 한 가지 원칙이 있었다. 시곗바늘 방향으로 돌면 제작연도가 오래된 작품부터 감상할 수 있어 조각 기법의 변화를 자연스럽게 깨달을 수 있었다. 스탠딩 파티에 초대받은 것처럼 높은 원기둥을 따라 자유롭게 걸음을 옮겼지만 정해진 방향 덕분에 길을 잃지 않았다. 시간은 제한되어 있어 너무 많은 조각품 중 어디에 눈을 둬야 할지 마음은 급했지만, 자연채광으로 시시각각 변하는 빛의 다양한 스펙트럼에 따라 미묘한 변화를 보여주는 조각상을 여러 각도로 바라보는 재미는 놓칠 수가 없었다.

그리스 조각의 최전성기라 할 수 있는 고전기가 시작되기 전 상고기의 작품이라 세련미나 원숙미가 떨어진다고도 할 수 있지만, 아마추어가 보기에는 모두 너무나 훌륭한 조각품들이었다. 초입의 '송아지를 메고 가는 사람'이 눈에 들어왔다. 예전 초등학교 교과서에 실렸던 '팔려 가는 당나귀' 일화가 생각나 미소가 떠올랐다. 나체의 청년상 쿠로스와 옷을 입은 여인상 코레는 모두 싱그러운 청춘 남녀의 가장 아름다운 모습을 극대화한 작품이라 말 없는 조각상을 바라보고만 있어도 기분이 좋았다. 그래서 어느 문인은 '청춘'이라는 단어만 들어도 가슴이 뛴다고 했던가. 아르테미스 여신상으로 추정되는 코레 조각은 초기 색채를 입혔던 흔적이 아직 남아 있어 마치 흑백영화만 보다가 처음으로 총천연색 필름을 만난 듯 너무 매혹적인 자태에 발걸음을 옮기기가 아쉬웠다.

판아테나이아 대축전 조각으로 '눈호강'

박물관의 최상층은 실제 신전과 유사한 크기로 파르테논을 재현해 놓은 갤러리다. 통유리 너머로 신전을 보며 관람할 수 있게 만들어 놓은 공간에서 가장 세심하게 신경을 쓴 부분은 신전 안쪽 기둥에 띠처럼 둘러놓았던 프리즈 조각 전시유물이다. 남아 있는 조각과 복제품을 섞어 원래 신전에 있었던 것과 똑같은 크기로 관람객들이 눈높이에서 편하게 볼 수 있도록 전시해 놓았다. 신전의 바깥 기둥을 장식했던 메토프(metope, 지붕 밑을 따라서 건물을 빙 둘렀던 교차돌림띠의 중간면 장식)와 박공지붕의 삼각형 페디먼트에 새겨놓은 부조의 주제는 그리스 신화에 나오는 신과 영웅들의 행적을 담았다. 하지만 조각가 페이디아스(Pheidias)는 안쪽 기둥 프리즈에는 일반 시민들의 삶을 조각으로 남겼다.

그것은 바로 수호신 아테나 여신에게 바치는 판아테나이아 대축전의 행사 장면을 조각한 것이다. 이 축제는 아테네 축제 중 가장 성대한 것으로 4년마다 열려 12일 동안 계속되었고 제례 의식과 제물 헌정을 위한 행진 그리고 음악과 운동 축제도 함께 열렸다. 축제가 절정에 달했던 날은 바로 아테나 여신의 탄신일로 한여름 헤카톰바이온(Hekatombaion-7월) 달의 28번째 날이었다. 그날의 행진은 수호신 아테나 여신에게 새로 만든 페플로스라 불리는 소매 없는 상의를 전달하기 위해 아테네의 아름다운 젊은이들이 에렉테이온 신전으로 향하는 행사였다. 이 대축전의 행진 모습을 박공지붕 바로 아래 안쪽 사면을 둘러서 부조로 남겨 놓았던 연속돌림띠장식(프리즈)의 총 길이가 160미터에 이른다고 한다.

프리즈는 115개 블록으로 구성돼 있었고, 300여 명의 사람들

● 판아테나이아 축제 행렬을 조각해놓았던 부조 중 일부.
그리스에 남아 있는 것과 대영박물관에 있는 복제품과 함께 원형을 재현해놓았다.
사진의 진한 부분은 나중에 찾아낸 조각 파편으로 함께 전시해놓았다.

과 200여 마리의 동물이 행렬에 참가했다고 하니 이 행사의 규모가 어떠했을지 상상만으로도 놀라울 따름이다. 이런 면에서 조각의 규모나 주제로만 판단해도 파르테논 신전 조각 중 가장 중요한 것은 프리즈가 틀림없다. 메토프나 페디먼트 조각의 내용은 책에서 찾을 수 있는 내용이지만, 프리즈에 담겨 있는 이야기는 그 당시 아테네 시민들의 축제 행사를 조각으로 남긴 훌륭한 기록물이기 때문이다. 그런데 현재 아크로폴리스 박물관에 남아 있는 진품은 50미터밖에 되지 않고 절반에 해당하는 80미터 상당의 조각이 영국 대영박물관에 전시돼 있다. 나머지 중 한 블록이 루브르 박물관과 기타 유럽 박물관에 있다. 이런 여러 가지 이유가 그리스인들이 꼭 프리즈를 반환받아야만 하는 까닭이다.

신기하게도 파르테논 갤러리에서는 통유리를 통해 어느 방향에서든 실제 파르테논 신전을 볼 수 있었다. 이것은 건축 단계에서 이미 홀 전체가 파르테논 신전을 거울처럼 비추도록 기울어진 각도로 설계한 덕분이라고 한다. 박물관 부지 선정부터 개관까지 오랜 시간이 걸렸지만, 그만큼 세세한 부분까지 많은 신경을 쓴 흔적이 곳곳에 남아 있었다.

애달픈 사연의 카리아티드 상을 뒤로하고

갤러리에 입장할 때 1층에 전시된 두 니케 여신상의 존재가 마치 '어서 오세요'하며 방문객을 마중 나온 느낌이었다면, 에렉테이온 신전 기둥을 떠받치고 있던 카리아티드 조각상의 배웅을 받으며 전시장을 나섰던 것도 기억에 남는다. 내가 처음으로 카리아티드를 만난 것은 1982년 첫 파리 출장에서 루브르를 방문했을 때였다. 그리스 조각 전시실의 카리아티드 홀 입구에 있던 여인 조각상을 보고 맨처음 떠올랐던 생각은 아름답다는 느낌보다는 '왜'라는 물음이었다. 그때는 카리아티드가 그리스 조각의 한 양식이라는 사실을 몰랐다. 그래서 건물 사이에 끼어서 지붕을 이고 있는 것 같은 형태의 여인상을 보고 왜 아틀라스처럼 하늘을 이고 있어야 하는지 가여운 생각이 들었다.

그런데 이 다소 엉뚱한 의문이 아주 틀린 생각은 아니었다. 펠로폰네소스 반도의 작은 도시 국가 카리아는 페르시아 전쟁 때 아테네를 배반하고 적국의 편에 섰던 대가로 전쟁이 끝난 후 남자들은 모두 처형되고, 여자들은 노예로 끌려갔다. 하지만 아테네는 그것으로 만족하지 않고 카리아 여인 형상을 신전의 기둥으로 만들어 지붕을 떠받들게 함으로써 다른 폴리스에도 공포감을 주려고 했다는 것이다.

박물관에 있는 카리아티드 여인상은 아크로폴리스의 에렉테이온 신전에 있던 기둥을 그대로 옮겨 놓은 진품이다. 마치 신전 지붕으로부터 탈출해서 자유를 찾은 듯 편안한 모습이었다. 신전 건축물의 한 부속품으로 남는 것보다는 독립적으로 전시된 모습이 더 아름다웠고, 관람객 입장에서도 작품을 두루 감상할 수 있어 훨씬 좋았다.

카리아의 아가씨들은 모두 미인이었나 보다. 얼굴 부분은 많이 훼손돼 표정을 잘 읽을 수는 없지만 자태에서 풍기는 고혹적인 느낌은 그대로 살아 있었다. 한쪽 발을 살짝 앞으로 내디뎌 무게 중심을 잡아 지붕의 하중을 견디기에 무리가 없어 보였다. 구불구불 물결치는 머리 모양과 자연스럽게 내려온 상의와 치마의 잔주름까지 세밀하게 표현한 솜씨가 놀랍다.

뒷모습도 앞모습 못지않게 사랑스럽다. 뒤로 땋아 넘긴 머리도 윗부분은 꽈배기 모양으로 살짝 꼬았고, 묶은 아랫부분은 레게 머리처럼 좀 더 웨이브가 촘촘하다. 그런데 뒷머리 모양에 이렇게 신경을 쓴 이유는 안정성을 고려한 때문이라고 한다. 인체에서 목은 가장 가는 부분인데 카리아티드가 받치는 지붕 무게를 지탱할 수 있게 뒷머리에 장식적인 요소를 가미한 것이라 한다.

뛰어난 옷매무새를 자랑하는 뒷모습도 그냥 지나칠 수가 없다. 어깨로 살짝 넘긴 옷감이 자연스럽게 등 위로 흘러내리고 있고 치마도 3단으로 각 주름의 모양새가 다르다. 에렉테이온 신전에는 원래 6개의 카리아티드가 있었는데 박물관에는 5개만 자리하고 있었다. 비워둔 한 자리가 마치 언젠가는 집으로 돌아올 자식을 위해 이사도 가지 않고 무작정 기다리는 부모의 애틋한 마음인 듯 여겨져 가슴 뭉클했다.

엘긴의 만행, 메르쿠리의 아픔

박물관을 떠나면서 문화재와 관련된 그리스 사람들의 가장 큰 염원이 무엇일까 추측해보았다. 그것은 아마도 해외로 반출된 숱한 문화재 중에서도 대영박물관에 버젓이 전시해 놓은 파르테논 마블을 되찾는 것이 그들의 가장 큰 소망이 아닐까. 뉴아크로폴리스 박물관을 건축한 것도 그리스인들의 이런 희망을 담은 큰 프로젝트일 것이다.

그리스 입장에서는 남의 나라 유적에서 조각품들을 떼어간 영국 외교관 엘긴 경의 행위는 몰염치한 약탈이다. 그런데 영국은 불법으로 반출한 남의 나라 문화재를 버젓이 자국 박물관에 전시했을 뿐 아니라, 조각들이 전시된 홀을 한때 이 문제적 외교관의 이름을 따서 엘긴 마블 홀로 명명했던 적도 있었다. 그러니 대영박물관을 방문했던 대다수 그리스인들은 불쑥 치밀어오르는 분노를 다스리기 힘들었을 것 같다. 멜리나 메르쿠리가 타이틀 롤을 맡았던 영화 〈페드라〉에 그리스인들의 이런 불편한 심기를 잘 드러낸 장면이 있다.

메르쿠리가 분한 그리스 해운왕의 딸 페드라는 해운업계의 실력자 타노스와 결혼한다. 그리고 남편과 전처 사이에서 난 의붓아들 알렉시스를 만나기 위해 런던을 방문하는데, 그때 두 사람의 첫 만남 장소로 설정된 공간이 바로 대영박물관의 수많은 전시관 중에서도 파르테논 마블이 전시돼 있던 엘긴스 룸이었다. 페드라가 전시실 가운데 놓인 의자에 앉아서 작품을 감상하다 지갑을 떨어뜨리는 설정은 복잡한 그녀의 심리상태를 보여주는 것 같았다.

성인이 된 후 처음으로 만나는 페드라에게 알렉시스는 호감을 보이며, 목 없는 아프로디테 조각상 앞으로 안내한다. 하지만 의붓엄마 페드라는 숨 막힐 듯한 답답함을 호소하며 함께 전시실 밖으로 나온다. 조각상들은 모두 고대 그리스 작품이 분명한

데 아크로폴리스 박물관에 있어야 할 파르테논 신전 조각상들이 대영박물관에 고스란히 전시돼 있으니 숨이 턱 막혔을 듯하다. 그렇게 긴 장면은 아니었지만, 영화 관객들에게 던지는 메시지는 분명했다. 엘긴 마블이 아닌 파르테논 마블의 진정한 소유권은 그리스로 돌아와야 한다는 무언의 압력이었다.

목조반가사유상의 수난 떠올라

이 장면이 특히 기억에 남는 이유는 교토 고류지에 있는 목조반가사유상을 감상하면서 내 마음속에서 일어났던 여러 가지 복합적인 감정과 겹치면서 공감하는 부분이 있었기 때문이다. 당시 왜 일본이우 신라에서 들여왔다는 이 목조반가사유상을 자신들의 국보 1호로 정했을까 하는 의문과 답답함이 함께 했었다. 지금도 교토 여행을 생각하면 아스라이 떠오르는 추억이 어두운 전시실 안에서 목조반가사유상을 만났던 바로 그 순간이다.

최근 국립중앙박물관에 우리나라 국보 78호와 83호인 두 금동반가사유상을 한 방에 전시하는 '사유의 방'을 개관했다는 소식에 반가운 마음에 방문했다. 어둠을 통과하는 듯 만들어 놓은 진입로를 따라 전시장으로 들어가니 마치 소극장 같은 분위기로 연출한 넓은 전시실에는 오로지 두 점의 금동반가사유상이 입장객을 맞아 주고 있었다. 신비롭고 오묘한 미소로 깊은 사색에 잠겨 있는 닮은 듯 다른 두 불상의 모습에 그윽한 고요함을 즐길 수 있었다. 그러면서도 이 넓은 '사유의 방'에 고류지에 있는 목조반가사유상이 함께 자리한다면 더이상 바랄 것이 없을 것 같은데 하는 아쉬움이 계속 남았다. 국립중앙박물관 사유의 방에 남아 있는 두 금동반가사유상은 돌아올 기약 없는 목조 형제를 기다리느라 지금도 깊은 생각에 잠겨 있는 것 같다. 마치 뉴아크로폴리스 박물관의 카리아티드 여인 조각상들이 빈 한 자리를 채워줄 잃어버린 자매를 기다리듯이.

아가멤논의 황금가면

● 미케네 문명실의 금세공품들.
종이처럼 얇고 납작하게 만든 금판으로 황금 가면을 만들었다.

아테네에서 첫날 점심 식사 후 찾은 곳은 국립 고고학박물관이다. 뉴아크로폴리스 박물관의 모던한 건축물과는 다른 고전 양식의 건물은 고고학박물관이 주는 이미지와 잘 어울렸다. 그날의 마지막 일정이라 저녁 식사 전까지는 충분한 시간이 남아 있었다. 당연히 이곳에서 좀 더 많은 것을 느긋하게 보고 갈 수 있을 걸로 생각하고 있었다. 그런데 조금 후 현지 가이드가 낭패한 표정으로 겨울철 주말에는 박물관이 오후 3시에 문을 닫는다고 알려준다. 콧대 높은 루브르 박물관도 오후 5시까지는 문을 열었던 것 같은데……

이상적 남성미를 보여주는 포세이돈? 제우스?

제한된 관람 시간에 마음이 급한 가운데 50개가 넘는 많은 전

● 이상적 남성미를 보여주는 청동상. 오른손에 들었던 물체가 번개인지 또는 삼지창일지는 각자의 상상력에 맡겨본다. 필멸의 인간은 범접할 수 없는 카리스마를 내뿜고 있다.

시실 중에서 첫 번째로 발길을 옮겼던 곳은 다양한 조각 작품이 전시된 1층 중앙 홀 그리스 조각 전시실이었다. 전시실 중앙에 딱 버티고 서 있는 청동상은 균형 잡힌 몸매와 안정적인 자세에서 첫눈에도 강인한 힘이 느껴졌다.

정면을 향하고 있는 상체는 잘 발달된 근육을 보여주면서 고대 그리스의 이상적인 남성미를 유감없이 보여주고 있었다. 양팔을 모두 어깨높이까지 번쩍 올리고 서 있는 동상의 주인공은 무언가를 오른손에 잡고 있었던 듯 엄지와 검지를 동그랗게 오므리고 있다. 오른손에 잡았던 물체에 따라 동상의 주인공은 달라진

　　　　　　　　　루첼라이 정원의 산책자들

다. 만약 삼지창이라면 포세이돈이 되겠고 번개였다면 제우스 신이다.

이 청동상이 발굴됐던 아르테미시온 곳이 포세이돈을 섬겼던 지역이라 동상의 주인공은 포세이돈일 가능성이 유력하다고 한다. 하지만 나는 제우스 신에 한 표를 던지고 싶다. 왜냐하면 만약 삼지창을 들었다면 그 길이 때문에 신체의 어느 한 부분을 가렸을 것 같다. 그리고 가장 매력적이고 아름다운 비율로 신체의 완벽함을 보여주는 이런 동상은 당연히 제우스를 염두에 두고 제작했을 것이 틀림없기 때문이다.

청동은 조각 재료 중 가장 값비싼 소재이기도 하지만, 전쟁이 나면 다 녹여서 무기로 만들어 썼기 때문에 후대에는 찾기가 쉽지 않다고 하는데, 이곳에는 아주 멋진 청동상을 전시실 바깥 복도에도 전시해 놓았다. 박물관의 또 다른 보물인 '말을 탄 기수' 청동상도 포세이돈 조각상이 발견됐던 아르테미시온 근처 난파선에서 찾아낸 동상이다. 말 등과 뒷부분은 수많은 조각 파편을 복원해 놓은 표시가 나지만 오히려 그 자체로 멋스럽다.

앞다리를 번쩍 들고 힘차게 달리는 동작을 보여주는 말 등의 기수는 놀랍게도 어린 소년이다. 맨발의 기수는 아무런 장비도 갖추지 않고 말 등에 앉았지만 완벽하게 승마복을 갖춰 입은 현대의 기수보다 기량이 더 뛰어나 보였다. 몸집은 작지만 다부진 모습이었고 키에 비해 다리가 무척 길어 보였다. 오늘날에도 가

- 아르테미시온 근처 난파선에서 발견된 청동상의 기수는 어린 소년이지만
  잘 훈련된 기수 못지않은 날렵함을 보여준다.

장 이상적인 신체 비율로 알려진 8등신을 정확하게 지긴 딕분에
어린 소년의 몸이지만 신체의 아름다움을 완벽하게 보여주고 있
었다.

감탄이 절로 나오는 미케네 문명의 금세공품들

무엇보다 여성 관람객들의 눈을 즐겁게 해주었던 유물은 미케
네 문명 전시실의 금 세공품들이었다. 미케네는 그리스 폴리스 중

에서도 금이 풍부했던 지역으로 알려져 있다. 미케네 왕족의 무덤에서 발굴된 수많은 소장품 가운데 특히 하인리히 슐리만이 '아가멤논의 가면'으로 명명했던 황금마스크는 그중 압권이었다. 금을 얇게 두드려 늘린 다음 나무 모형을 만들고 그 위에 늘린 금을 대고 눌러서 조각품 같은 금 세공품을 만들었다고 한다.

'아가멤논의 가면'을 가만히 들여다보면 귀 부분에 작은 구멍이 있는데 여기에 실을 연결해서 죽은 사람의 얼굴에 씌워 놓았다고 한다. 저승 가는 길에 요긴하게 쓰도록 금 마스크를 준비해 준 것일까. 근데 땅 밑에 누워서는 답답하지 않을까. 숨쉬기도 힘든 마스크, 그것도 통풍이 안 되는 황금 마스크라니. 하지만 아무나 영웅이 될 수 없나니, 영웅은 죽어서도 편히 쉬지 못한다.

가슴이 먹먹해진 암포라의 그림

시간이 부족해 박물관이 자랑하는 뛰어난 예술 작품을 눈요기하는 것으로 만족해야 했다. 하지만 아쉬움을 달랠 기회는 예상외로 일찍 찾아왔다. 8일 후 한국행 비행기를 타는 마지막 날이었다.

알리탈리아 팀이 오전 일찍 먼저 출발 후 남은 루프트한자 팀은 출발 시각이 오후 시간대라 좀 여유가 있었다. 체크아웃을 끝낸 후 쇼핑 또는 고고학 박물관 관람 두 가지 옵션 중 나는 재빨리 박물관 방문에 손을 들었다. 개장 시간에 맞춰 일찍 입장한 박물관에는 주말이라 방문객이 거의 없었다. 첫 방문 때 볼 수 없었던 2층 전시실로 먼저 올라갔다. 고대 그리스 시대 작품 중 회화 작품이 왜 없는지 아쉬웠는데 도자기 전시실의 수많은 도기와 벽화로 남아 있는 프레스코화를 보면서 그 아쉬움을 달랠 수 있었다.

그리스인들은 많은 생활도자기를 만들면서 그 위에 그림을 그려 당시 생활상이나 풍습 이런 것들을 남겨 놓았다. 쓰임새에 따라 도자기를 부르는 명칭도 달랐던 만큼 형태도 각각 특색이 있었고 그림의 소재도 다양했다. 부서진 도자기 조각은 일부러 붙이지 않고 조각난 상태 그대로 전시해 놓았는데 그 자체로 의미가 있었다. 조각도 일부러 그렇게 만들어 놓은 것처럼 멋스럽게 놓여 있었다.

현대적인 기하학 문양을 새긴 도기도 있었지만 신화 이야기나 제사 또는 일상사의 다양한 풍경을 담은 도기는 입체적인 그림책을 보는 듯 흥미진진했다. 내 눈을 사로잡았던 도자기는 어른 키만큼 크고 양쪽에 손잡이가 달린 술을 담았던 암포라다. 아랫면에는 기하학적인 연속 문양을 새겨놓았고, 가운데 부분에 장례식 장면을 그려놓았는데 죽은 사람을 앞에 두고 슬퍼하는 모습이 그대로 전해지는 것 같아 가슴이 멍했다. 허리가 유난히 잘록한 검은색 사람들은 머리 위로 손을 올린 채 온몸으로 슬픔을 전하고 있었다.

3,500년 전 지금의 산토리니섬인 티라섬이 폼페이처럼 섬 전체가 화산으로 완전히 묻혀버렸다가 발굴된 아크로티리 마을에서 발견된 프레스코화는 5,000년이 넘는 세월에도 예전 모습을 그대로 간직하고 있어 놀라웠다. 특히 영양 그림 벽화가 정말 인상적이었다. 아주 오래전 그림이라는 건 한 눈에도 알겠는데, 선으로만 그린 영양 두 마리가 그렇게 멋질 수 없었다. 마치 알타미라 동굴 벽화를 보고 있는 듯했다. 화산재에 덮여있다 발굴된 유물들이라 오랜 세월이 지나도 거의 변하지 않고 남아 색감도 놀라움 그 자체였다.

● 암포라는 항아리의 목 부분에서 몸통에 걸쳐 세로로 2개의 손잡이가 달려 있다. 주로 포도주나 올리브유를 담는 용도로 사용된 항아리를 통칭하는 이름이다. 기하학 문양과 함께 가운데 부분에 그려진 장례식 모습에서 애틋한 슬픔이 전해지는 듯하다.

미의 여신 아프로디테와의 만남

지난번 방문했을 때 없었던 특별전이 1층에서 열리고 있었다. 그 전시의 제목을 '아름다움을 향한 끝없는 변신'(The countless aspects of BEAUTY)으로 번역해 보았다. 오늘날 화장품을 뜻하는 코스메틱의 어원이 아름다움과 질서를 의미하는 그리스어 '코스메토스'에서 나왔다는 사실은 흥미롭다. 고대 그리스 예술에서도 아름다움은 다양한 형태로 나타난 것 같다. 특별전 행사에 전시된 여러 종류의 작품들의 면면을 살펴보고 느낀 생각이다. 하지만 미의 아이콘이라 할 수 있는 아프로디테를 빼고는 아름다움에 관해 이야기할 수 없을 것 같다. 여신의 탄생 신화도 특별전시관 한 자리를 차지하고 있었다.

호메로스보다는 헤시오도스의 《신통기》에 나온 탄생 신화로 더 널리 알려진 것은, 그녀의 부모가 누구라고 명시적으로 밝히지 않은 신비하고 극적인 이야기가 더 여신에게 어울리기 때문이리라. 제우스의 할아버지 우라노스의 거세된 생식기가 바다에 떨어지면서 보글보글 일어난 포말은 저 멀리 키프로스 섬까지 흘러갔다가 그 거품에서 미의 여신이 탄생했다.

완벽한 미의 여신은 뭇 남성에게 사랑을 받았다. 심지어 짐승의 모습에 가까운 목신牧神 판도 그녀에게 사랑을 애걸하고 있다. 주제 파악도 못 하고 아프로디테의 왼쪽 팔을 슬그머니 만지는

루첼라이 정원의 산책자들

음탕한 판을 향해 여신은 금방이라도 후려 내리칠 기세로 오른손에 슬리퍼를 들고 있고, 그녀의 왼손은 아랫부분을 살짝 가리고 있는데. 그 사이로 종이 한 장이 겨우 들어갈 정도의 미세한 틈이 있다. 추근대는 판 신을 떼어내기 위해 미약한 힘이나마 보태겠다고 여신의 어깨 위에서 판의 뿔을 밀어내고 있는 에로스의 모습이 얼마나 앙증맞고 귀엽던지. 그런데 아프로디테의 표정은 오히려 여유만만해 보인다. 아마도 추남 중의 추남인 헤파이스토스를 남편으로 둬서 추남에게는 이골이 나 있는 듯 보였다.

현대 조각 거장에 영감을 준 델로스의 인물상

특별전의 마지막 코너를 장식했던 것은 델로스섬에서 발견된 대리석 인물상이었다. 델로스섬은 그리스 본토와 소아시아 사이 에게해에 점점이 흩어져 있는 키클라데스 제도 중 하나다. 대리석 인물상은 손바닥 안에 쏙 들어오는 앙증맞은 크기부터 1미터가 넘는 크기까지 다양했는데, 아주 심플하지만 추상적인 인물 표현 방식은 무척 독특해 인상 깊었다. 하지만 조각상에서 풍기는 현대적인 느낌이 왠지 낯설지 않고 어디선가 본 것 같은 느낌이 들었다. 사람 얼굴은 거의 삼각형에 가깝고 얼굴은 코만 역시 삼각형으로 오똑 섰다.

알고 보니 자코메티의 초기 여인상이 바로 이 키클라데스 제도에서 나온 조각에서 모티프를 얻었다고 한다. 그리고 영국의 현대 조각가 헨리 무어의 '어머니' 이미지도 바로 기원전 3000년에 번성했던 키클라데스 문명에서 발견된 조각상에서 힌트를 얻었다고 하니 경이롭다. 하늘 아래 완전 새로운 것은 없다고 하는 것처럼 거의 반만년 전에 유행했던 조각 양식이 현대 조각가들에게 영감을 주었으니 유행이란 것은 정말 계속 돌고 도는 것인가 보다. 고대 그리스 문명 세계 그중에서도 가장 오래된 청동기 문명의 트렌드가 현대 조각의 거장인 두 예술가에게 큰 영감을 주는 원천이 되었다고 하니 신기할 따름이다.

메데이아를 위한 변명

● 코린토스 운하 건설로 펠로폰네소스 반도는 더 이상 반도가 아닌 섬이 되었다.

자연과 인간이 어우러져 만든 멋진 작품을 감상했던 경험은 쉽게 잊히지 않는다. 바로 코린토스 운하를 본 소감이다. 아테네에서 아침 일찍 출발해 한 시간쯤 지나 서둘러 내린 곳은 특별한 지형지물도 없는 황량한 국도변이었다. 왜 이런 곳에 내렸을까 의아해하며 앞에 보이는 다리를 향해 걸었다. 사방을 둘러보아도 운하는 보이지 않았다.

순서대로 사진을 찍기 위해 포토존에 서서 다리 밑을 보는 순간 나도 모르게 다리 난간을 꽉 잡았다. 코린토스 운하를 처음 봤을 때 들었던 느낌은 아찔함이었다. 그것은 아주 오래전 미국 여행에서 그랜드 캐년을 처음 방문했을 때 느꼈던 자연에 대한 무한한 경외감 비슷한 감정이었다.

수직으로 깎아지른 벼랑 사이로 에메랄드빛 바다가 보였다. 바위산을 깎아 그 사이로 배가 다닐 수 있도록 운하를 만들었는데, 사진을 찍기 위해 자리 잡았던 곳은 이 운하 위로 걸쳐 있는 두 다리 중 한 곳이었다. '만약 다리가 무너진다면……' 이런 상상만으로도 무서웠지만, 좁은 수로 사이로 흐르는 코발트빛 바다에 저절로 탄성이 났다.

신기하게도 초등학교 시절 열심히 암기했던 세계 3대 운하가 저절로 떠올랐다. 세 손가락 안에 꼽히는 유명한 운하니 당연히 강폭도 넓고 웅장한 규모가 위풍당당하지 싶었던 내 상상은 완전히 빗나갔다. 코린토스 운하는 폭이 몹시 좁고 마주 보는 두 절벽은 까마득히 높아 날렵하기까지 했다.

수에즈 운하 건설한 레셉스가 완공

코린토스는 그리스 본토와 펠로폰네소스 반도를 지협으로 연결해 주고 있었기에, 해상무역과 상업의 중심지 역할을 했던 폴리스다.

지중해 동쪽의 에게해와 서쪽의 이오니아해를 항해하는 배들은 그리스의 남단을 지나가는 위험한 항로를 피하고 싶어 했기에, 배의 화물을 지협 위의 좁은 노면에다 올려놓은 다음, 지협 반대편에 있는 다른 배에다 그 화물을 다시 싣는 방식을 선호했다. 코린토스는 이런 지리적인 이점을 이용해 에게해에서 이오니아해로 또는 그 반대 방향으로 항해하는 선박을 절벽 위로 끌어올리는 길을 만들어 통행료를 톡톡히 챙겼다고 한다.

본격적으로 뱃길을 단축하기 위한 시도는 고대 로마 시대 네로 황제 때부터 있었지만 번번이 실패하다, 수에즈 운하를 건설했던 프랑스인 토목 기술자 레셉스가 1882년에서 1893년에 걸쳐 12년간의 대역사 끝에 마침내 완성했다. 운하는 길이 6.2킬로미터, 폭 24미터, 수심이 약 8미터로 소형 배들만 통과할 수 있는 작은 규모이지만, 운하 개통으로 항로가 400킬로 정도 단축되었다고 하니 서울에서 부산 가는 거리만큼 시간을 절약할 수 있게 된 것이다.

코린토스 운하를 즐길 수 있었던 시간은 사진 찍는 순간으로 아주 짧았지만 그 여운은 길었다. 첫 만남은 다리 위에서 수직으로 내려다보기였지만, 만약 다음에 또 한 번 코린토스에 올 기회가 온다면 크루즈를 타고 운하를 건너보고 싶다. 닿을 듯 말 듯 폭이 좁은 두 절벽 사이를 배를 타고 지나며 느끼는 아슬아슬함과 함께, 다시 넓은 바다를 만나는 탁 트인 시원함을 동시에 느낄 수 있을 것 같다.

사랑을 위해 모든 걸 버린 메데이아의 비극

이런 낭만과는 거리가 먼 비장함으로 이 코린토스 지협을 건

넘던 사람이 있었다. 그리스 신화 이야기 중 가장 무서운 여자로 알려진 메데이아다. 그녀는 본래 그리스 변방 코르키스의 공주로 뛰어난 마법사였다. 아르고호를 타고 황금 양털을 찾으러 온 이아손에게 첫눈에 반해, 아버지 아이에테스 왕이 애지중지하던 양털을 덥석 건네주고 그와 함께 도망치다 정착했던 곳이 바로 코린토스다.

에우리피데스의 비극 〈메데이아〉에서 새로 탄생한 메데이아는 남편으로부터 버림받은 여자다. 적국인 아테네의 왕자 테세우스에게 첫눈에 반해 크레타의 왕인 아버지 미노스를 배반한 아리아드네 공주처럼 사랑을 위해 아버지를 배반하고 조국까지 버리지만 결국엔 남자로부터 버림받는다.

하지만 테세우스와 결별하고 새로운 사랑을 찾아간 아리아드네와 달리 메데이아는 자식 둘을 낳고 안정된 생활을 하고 있었다. 그런데 이아손이 갑자기 코린토스의 공주 글라우케와 결혼하겠다고 선언한다. 거기다 코린토스 왕 크레온은 메데이아에게 즉시 추방령을 내린다. 이아손에게 받은 모욕으로 분노가 폭발하며 그녀 마음속의 악마가 살아나 통제할 수 없을 지경까지 이른다.

그때까지만 해도 아이들까지 죽일 생각은 없었다. 하지만 여전히 남편을 사랑하는 메데이아의 열정 앞에 이아손은 얼음장처럼 차고 냉정했다. 글라우케 공주와 결혼하는 이유가 아이들의 미래를 위해서라는 이아손의 말을 듣자, 메데이아는 확신한다. 이아손에게 아이들에 대한 사랑은 아직 남아 있다는 것을. 그리고 그에게서 소중한 모든 것들을 다 앗아버리겠다는 걷잡을 수 없는 분노로 자신이 낳은 아이들까지 죽음으로 몰아간다.

독일 작가 크리스타 볼프가 벗겨준 '누명'

그런데 에우리피데스의 비극을 본 독자들은 원인을 제공한 이아손에게는 어떤 책임도 묻지 않고 모두 메데이아를 악녀로 몰고 있다. 일반적으로 빠지기 쉬운 이런 편견에 이의를 제기한 사람은 독일 작가 크리스타 볼프다. 그녀는 소설 《메데이아 또는 악녀를 위한 변명》에서 지금까지 우리가 알고 있던 메데이아에 대한 선입견을 완전히 바꿀 가설을 제시해 신선한 충격을 주었다. 지금까지 모두가 악녀로 단정했던 메데이아를 위한 반론을 작품으로 냈을 뿐만 아니라, 많은 증거자료까지 찾아내 제시하고 있다.

물론 크리스타는 여성 작가다. 볼프의 작품 속 메데이아는 권력욕에 눈이 먼 아버지 아이에테스 왕과 코린토스를 지배했던 크레온 왕에게 철저히 희생당하는 비운의 여인으로 그려져 있다. 또한 작가는 에우리피데스가 메데이아에게 씌운, 자식을 죽였다는 불명예를 벗겨줄 기록도 찾아냈다. 그 기록에 따르면 당시 이미지 실추를 두려워한 코린토스인들이 작가에게 뇌물을 주고 메데이아에게 자식 살해의 누명을 뒤집어씌우도록 했다고 하는데, 거기에는 뇌물 액수도 구체적으로 적혀 있다고 한다. 그리스 신화 속 인물인 메데이아 이야기를 그냥 비극으로만 보아 넘기지 않고 여성의 입장에서 친자식을 죽이는 비정한 어머니란 누명을 벗겨주기 위해 2,500년 전 고서 자료를 샅샅이 뒤져 진실을 파헤친 작가의 끈기와 열정에 박수를 보낸다.

우리는 흔히 여자가 남자보다 질투심이 많다고 생각하지만 의외로 문학작품에는 반대의 경우도 심심치 않게 등장한다. 셰익스피어의 4대 비극 중 하나인 〈오셀로〉는 주인공이 악당 이아고의 계략에 넘어가 사랑하는 아내 데스데모나를 목 졸라 죽이고 자신도 자살하는 이야기다. 많은 전쟁에서 큰 공을 세우고 베네치아 공국의 원로원 의원 딸과 결혼까지 한 무어인 오셀로를 파멸로 이끈 것은 질투심이었다. 이아고가 불륜의 증거로 넌지시 보여준 데스데모나의 손수건만으로 모든 이성적 판단을 상실한 오셀로 앞에서 아무 죄도 없는 데스데모나는 너무나 애처롭게 죽어간다. 그녀의 캐릭터는 메데이아와 완전히 상반된다고 할 수 있겠다.

주제페 베르디의 오페라 〈오셀로〉에서 데스데모나가 죽기 전 자신의 결백을 주장하며 부르는 아리아 〈버들의 노래〉에는 이유도 모른 채 죽어야만 하는 청순가련형 여성의 심성이 잘 드러나 애절함을 더해준다. 그러고 보니 1869년 이집트의 수에즈 운하 완공 때는 카이로의 오페라 극장에서 큰 문화축전이 열렸다. 베르디의 작품 중 가장 대작이라 할 수 있는 〈아이다〉가 바로 그 축제를 위해 작곡됐던 오페라다. 왜 그리스인들은 그 오랜 세월 동안 기다렸던 코린토스 운하 완공을 기념하는 문화축전을 벌이지 않았을까 문득 이런 의문이 들었다. 만약 그리스 왕이 이집트 왕이 했던 것처럼 이런 경사스런 축전을 야심차게 준비했다면 베르디의 마지막 작품은 그리스 신화의 한 이야기가 되지 않았을까. 그랬다면 불멸의 오페라 한 편이 또 세상에 선을 보이지 않았을까 하는 아쉬움이 남는다.

이런 안타까움은 푸치니의 오페라 〈투란도트〉와 〈나비부인〉을 볼 때마다 떠올랐던 생각이다. 각각 중국과 일본을 배경으로 한 아름다운 오페라를 작곡했던 푸치니가 극동의 세 나라 중 우리나라를 소재로 한 오페라 작품은 남기지 않아 두 작품을 볼 때마다 안타깝게 생각했는데, 코린토스 운하를 보고 떠오른 생각도 같은 종류의 아쉬움이었다. 문화란 모름지기 사회가 안정되고 경제가 번영할 때 꽃피는 것이니, 19세기 말의 그리스나 우리나라는 모두 혼란한 시대를 겪었던 만큼 베르디나 푸치니의 관심을 받지 못했으리라.

나만의 arete를 찾아서

● 올림피아 스타디온 유적지. 앞쪽 대리석 발판이 출발선이다.

그리스 여행길에서 가장 힘들었던 코스는 아테네에서 올림피아로 가는 여정이었다. 오전에 그리스 본토 남단 아테네에서 출발해 펠로폰네소스 반도 동쪽 끝에 위치한 코린토스 운하를 본 후 다시 반도 서쪽 끝 엘리스 지방의 크로노스 언덕 기슭에 있는 올림피아 유적지로 이동하는 경로였다.

왜 고대 그리스는 통일된 국가가 아닌 폴리스 형태의 독특한 도시국가들로 발전할 수밖에 없었는지 그리스 도착 후 첫 버스 여행을 해보니 짐작할 수 있었다. 교통이 발달한 현대에도 차창으로 보이는 풍경은 산과 척박한 땅밖에 없으니, 고대에는 지리 조건에 따라 산과 산맥으로 나뉜 폴리스가 발달할 수밖에 없었을 것이다. 아테네 시민들이 올리브 나무를 선물한 아테나 여신을 수호신으로 선택했던 것은 미래를 내다보는 혜안을 갖고 있었기 때문이라는 생각이 들었다. 만약 올리브 나무라도 없었다면 그리스는 그야말로 사막이나 다름없는 황량한 땅이었을 것 같다.

루첼라이 정원의 산책자들

멀리 보이는 산에도 듬성듬성 심어진 올리브 나무 외에는 특별히 눈에 들어오는 풍경이 없었다.

황량한 길을 달려 올림픽 발상지에 서다

교통이 발달한 오늘날에도 펠로폰네소스 반도 동쪽에서 서쪽으로 이동하는 길은 3시간 이상 걸리는 불편한 여정이다. 고대 올림픽이 처음으로 열렸던 기원전 776년에는 오늘날처럼 도로도 전혀 없었을 텐데 어떻게 서기 393년까지 1,000년 이상 올림픽이 지속될 수 있었을까. 이런 의문이 계속 머릿속에서 맴돌았다. 또한 고대 그리스인이나 주변 국가에서 경기에 참여했던 사람들은 무엇을 위해서 이 힘든 과정을 감수했을까.

놀랍게도 경기 우승자에게 주어지는 부상은 올리브 잎으로 만든 올리브관(나중에 월계관으로 바뀜)이 전부였다고 한다. 현대에는 명예뿐만 아니라 막대한 부까지 보장되지만, 고대에는 그런 금전적인 혜택은 별로 없었던 것 같다. 이처럼 고대 그리스인들은 금전적인 이득보다는 명예를 더 높은 가치로 평가했으니 현대인들보다 형이상학적인 철학을 실천한 셈이다.

올림픽 경기종목은 개인경기로서 초기에는 경기장 끝에서 끝까지 달리는 단거리 경주뿐이었다고 한다. 올림피아 유적지 발굴

후 실측에 따르면 경기장 트랙 길이는 192.27미터였고, 경기에 참가할 수 있었던 자격은 그리스 도시국가에서 시민권이 있고 주신 제우스를 잘 섬기는 남자에게만 주어졌다고 한다. 남자들만이 벌였던 시합이어서인지 경기는 전라에 맨발로 했고 올림픽 제전 전후 3개월간은 그리스의 모든 폴리스가 휴전에 들어갔다고 하니 올림픽 제전은 그리스어를 사용하는 각 폴리스의 시민들을 한마음의 공동체로 묶는 계기가 되었음에 틀림 없는 것 같다.

올림픽과 관련된 여러 가지 생각을 하다 보니 어느덧 올림피아 유적지에 도착했다. 그리스 최초로 고대 올림픽 경기가 열렸던 유적지에는 올리브 나무가 끝 간 데 없이 자라고 있었다. 2월이라 아직 꽃은 피지 않았지만 무성한 초목이 싱그러운 향기를 내뿜고 있어 마치 고대의 신성한 숲이 불쑥 눈 앞에 펼쳐진 듯했다. 고속도로변 풍경은 측백나무와 올리브 나무 이외에는 다른 특별한 볼거리가 없었는데, 울창한 숲이 우거진 유적지에 들어오니 짐짓 속세를 떠나온 듯 몸과 마음이 다 편해지는 느낌이었다. 이런 조용한 숲속에서 올림픽 경기가 시작되었다고 하니, 선수들은 그동안 갈고닦았던 기량을 마음껏 발휘할 수 있었을 것 같다. 산림욕을 하듯 신선한 공기를 한껏 들이마시고 멀리 한적한 숲속을 둘러보았다. 수목원에 들어온 것처럼 상쾌한 공기가 폐부 깊숙이 파고들었다.

우승자에게 주어진 건 명예뿐

오늘날 차를 타고 가도 힘들고 험한 이곳에 오직 운동 경기를 벌이기 위해 4년마다 수만 명이 넘는 고대 그리스 사람들이 모여들었다고 한다. 그것은 작은 도시국가로 나뉘었던 그리스를 하나로 묶는 계기가 됐고 또 공통의 언어를 사용하는 헬라스 정신의 출발점이 됐다. 선수들은 각 폴리스를 대표해서 오랜 시간 준비하고 잘 키운 자신만의 비밀 병기를 이곳에서 펼쳤을 것이다. 그리고 우승자에게는 제우스 신전 뒤에 있었던 올리브 나무 잎으로 만든 올리브관이 부상으로 주어졌다.

그건 아마도 고대 그리스인들이 최고의 가치로 여겼다는 자신의 Arete, 즉 탁월함을 보여주기 위해 혼신의 힘을 다해 싸운 명예 하나로 다른 물질적인 보상은 생각지도 않았던 것이 아닐까. 올림픽 역사의 현장에 왔다는 사실만으로도 가슴이 벅차올랐다. 그 옛날 선수와 심판만 들어갈 수 있었다는 아치형 터널 스타디온 입구로 입장하면서, 마치 각 도시국가를 대표하는 선수들처럼 고대 폴리스 이름을 외쳤다.

"아테네, 스파르타, 미케네, 코린토스, 테바이, 아르고스, 메가라……"

강의 들을 땐 꽤 많은 폴리스 이름을 공부했던 것 같았는데, 일곱 폴리스 이름을 말하니 더이상 생각나지 않았다. 스타디온으로 들어가는 관문 왼쪽에는 여러 도시국가가 제우스 신에게 바치는 봉헌물을 보관하기 위해 건립했던 보물창고 터가 있다. 초기에 올림픽 경기종목은 경기장 끝에서 끝까지 달리는 단거리 경주뿐이었다. 바로 그 달리기 경주를 했던 넓은 운동장이 나왔다. 경기장 양옆 관람석은 운동 경기를 내려다볼 수 있도록 경사면을 이루며 흙과 잔디로 덮여 있었다. 모양과 크기는 물론이고 전체적인 분위기까지도 오늘날의 경기장과 아주 흡사해서 기원전에 만들어진 경기장이란 사실이 믿기 어려울 정도였다.

우리는 남녀 팀으로 나누어 달리기 시합을 하기로 했다. 그날 아침 그리스 본토에 있는 아테네에서 출발해서 펠로폰네소스 반도 남단 코린토스를 거쳐 서쪽 올림피아까지 지루한 버스 일정도 마다 않고 온 이유가 단지 달리기 경주 참가였던 것처럼, 유적지에 도착하자마자 여장도 풀기 전에 스타디온으로 향했다. 그리고 진짜 선수들처럼 출발선 표시로 바닥에 깔린 대리석 디딤돌 위에 섰다. 이어 모두 최선을 다해 힘껏 달렸다.

스타디온 서쪽 스탠드 바로 뒤에 있던 긴 회랑식 건물에는 에코 스토아가 있었다고 한다. 관중의 함성 소리를 메아리치게 만든 특별한 기능의 건축물이었는데, 경기장에 들어가지 못한 사람들이 출발선 서쪽 언덕 너머에서 소리치며 응원을 하면 그 소리가 벽에 부딪쳐 메아리치며 울렸다고 한다. 다음번 선수들은 바로 눈앞에서 경기를 보면서 목청 높여 응원했을 것이다.

그날 아무도 없는 텅 빈 운동장에는 우리 팀의 함성만 울려 퍼졌다. 남자 경기가 끝난 후 여자 '선수'들이 빠짐없이 출발선에 나란히 섰다. 출발신호와 함께 모두 총알같이 달려 나갔다. 그런데 나는 출발을 놓쳐 질주하는 다른 선수들을 부러운 눈길로 물끄러미 바라보아야만 했다. 나이에 상관없이 모두들 끝까지 완주했는데, 그리스 올림피아 현장까지 와서 달리기를 놓치다니 지금 다시 생각해봐도 안타깝다.

하지만 그건 아마 초등학교 6학년 때 달리기 연습에서 얻은

● 올림피아 유적지 팔라에스트라 열주 앞에서: 팔라에스트라는 레슬링, 격투기 등을 단련했던 실내체육관이었다. 달리기에 앞서 일행이 포즈를 잡았다.
필자는 맨 앞에서 두 팔을 번쩍 올리고 열심히 뛰겠노라 결의만 다지고 실천에 옮기지 못했다.

트라우마가 아직도 내 잠재의식 속에 깊이 남아 있었기 때문이라고 위안을 삼았다. 지금은 없어졌지만, 한때는 지금의 대입시험 못지않게 치열한 입시경쟁을 통과해야만 명문 중학교에 입학할 수 있었다. 입학시험에는 턱걸이 등 체능 점수도 포함돼 있었기에 실기에서 1점이라도 더 얻기 위해 방과 후 달리기 연습을 했다. 그런데 네 가지 체능시험 종목 중 달리기를 연습할 때면 선생님이 항상 뒤에서 호루라기를 불며 따라오셨다. 체육 선생님이 무서워 온 힘을 다해 달렸지만, 그때의 일이 트라우마로 남아 운동 중에서도 특히 달리기를 싫어한다.

남녀 선수들 모두 달리기 시합을 무사히 마친 후 시상식이 있었다. 열심히 달린 보상은 고대 그리스인과 마찬가지로 올리브관이었다. 트로이아 전쟁 중에도 아킬레우스는 헥토르 손에 죽은 친구 파트로클로스를 위해 추모 경기를 열고 부상으로 황금 술잔, 청동 투구, 솥단지 등 구하기 힘든 호화로운 물건을 상품으로 걸었다. 하지만 이날 시합에선 나를 제외한 나머지 참가자들은 모두 머리에 쓰는 올리브 관 하나를 얻기 위해, 오직 자신의 명예를 위해 힘껏 달렸다. 그것은 바로 고대 그리스인들이 최고의 가치로 여겼던 'ARETE' 즉 자신의 탁월함을 보여주기 위해 최선을 다했던 바로 그 마음가짐이었다.

당시 신전, '선수촌' 등 폐허로 남아

탁월함의 사전적 의미는 '남보다 두드러지게 뛰어남'이라고 나와 있다. 어린 시절 그리고 커서도 내 삶에서 가장 많이 깊이 고민했던 것이 내가 도대체 남보다 뛰어난 점이 무엇일까, 이런 게 있기는 한 것일까 하는 의문이었다. 그것은 내가 꼭 하고 싶고 가장 좋아하는 것은 무엇일까 하는 문제와도 닿아 있었던 것 같다. 그런데 그런 내적 고민이 누군가에게 인정받고 싶은 심리로 귀결이 되면 자신의 arete를 찾기가 더 어려워진다는 것을 경험으로 알게 됐다. 가까운 사람들에게서 인정받고 싶다는 욕구 이전에 자기 자신을 있는 그대로 받아들이고 사랑해야 한다는 사실을 깨닫는 데 60여 년이라는 세월이 걸린 셈이다.

나를 인정해주지 않는다고 가까운 사람을 원망하기 전에, 우선 나의 내면을 차분히 들여다보는 시간을 갖고 나서야 그런 깨달음을 얻게 된 것이다. 자기 자신을 인정하고 있는 그대로의 나를 자랑스럽게 여기고 사랑하면 그 자체가 바로 나의 'arete' 인 것이다. 그리고 그 탁월함을 과시했던 고대의 장소에서 다시 있는 그대로의 나를 바라보기로 했다.

달리기 후 한숨을 돌리고 유적지를 둘러봤다. 고대 시절 올림피아에는 70개가 넘는 건물이 있었다고 한다. 하지만 지금은 제우스 신전을 비롯한 중요한 건물들은 대부분 폐허가 되어, 무너

● 올림피아 유적지 신들의 영역인 알티스 구역에 세워진 유일한 인간 기념비 필리페이온 유적.
  선왕 필립포스2세의 카이로네이아 승리를 기념하기 위해 알렉산드로스 대왕이 건립했다.

져 쌓인 돌무덤만이 옛날의 영화를 보여주고 있었다. 알티스라
불리는 성역에는 제우스 신전과 헤라 신전 등 신의 영역에 속하
는 건축물을 세웠고 그 경계벽 밖으로 선수들을 위한 시설인 김
나지움, 목욕탕 그리고 호스텔 같은 건물들이 들어섰다고 한다.

성역의 북쪽에 이곳에서 가장 오래된 신전인 헤라 신전이 남
아 있었다. 몇 년 전 평창 동계올림픽 개막을 앞두고 이곳에서 채
화된 성화가 한국에 도착했던 것이 아직도 기억에 생생하다. 성
역 한쪽에는 인간을 기리는 유일한 건축물인 필리페이온이 온전

한 기둥 세 개로 아름다운 모습을 보여주고 있었다. 마케도니아의 알렉산드로스 대왕이 자신의 아버지 필리포스 2세가 기원전 338년 카이로네이아 전투에서 그리스 연합군에 승리한 기념으로 세워 놓은 전승비다. 잘난 아들 덕분에 필리포스 2세는 신들의 영역에서 위용을 뽐내고 있었다.

이렇게 'arete'의 의미를 다시 되새겨보는 것으로 올림피아 유적지 답사를 끝내고 숲으로 난 길을 따라 다음 목적지인 올림피아 박물관으로 향했다.

루브르 박물관 따라잡기

- 현존하는 헤르메스 상 중 가장 뛰어난 작품으로 손꼽힌다.

박물관 입구로 통하는 복도 공간은 제법 긴 주랑으로 이어져 있었다. 그 한쪽 벽면에 전시된 대리석 조각 작품들을 보고 있으면 마치 야외갤러리를 방문한 듯한 착각에 빠지게 된다. 아마도 전시장이 협소해 복도 공간까지 활용한 것 같았지만, 대리석 조각 유물들이 예사로워 보이지는 않았다.

실제로 올림피아 박물관은 규모는 작지만 전시품의 고고학적 가치는 아테네 뉴아크로폴리스 박물관과 비교해도 결코 뒤지지 않는다고 한다. 이런 배경에는 유적지에서 출토되는 모든 유물과 유적에 대한 그리스의 독점 소유권을 재차 천명한 후에야 독일 고고학팀에 발굴을 허가했기 때문이다. 거기다 올림피아 유적지 자체가 오랫동안 사람들의 뇌리에서 잊힌 까닭에 비교적 양호한 상태의 조각품 잔해들이 많이 남아 있었던 덕분에 귀한 유물들을 무사히 지킬 수 있었다.

올림픽의 기원, 펠롭스 전차경주가 부조로

첫 번째 전시실에는 제우스 신전 박공지붕을 장식했던 부조의 잔해를 좌우 두 벽면에 순서대로 배치해 놓았다. 전반적으로 파르테논 부조보다는 상태가 훨씬 좋아 마치 신화 속 인물들과 조우한 것처럼 반가운 마음이 들었다. 동쪽 박공지붕 삼각형 공간에는 고대 올림픽의 기원이 되는 펠롭스의 전차경주 신화가 부조로 남아 있었다. 정중앙에 우뚝 선 제우스 신 양옆으로 전차경주와 연관된 인물들이 자리하고 있었다.

엘리스 지방 피사 왕국의 오이노마오스 왕에게는 히포다메이아라는 아름다운 딸이 있었다. 그녀의 미모에 반한 많은 청년들이 구혼을 했지만, 사위에게 죽을 운명이라는 신탁을 받았던 왕은 딸의 결혼을 미루고 있었다. 하지만 계속 청혼을 물리칠 수는 없어 한 가지 묘안을 냈다. 자신과 전차경주 시합을 해서 이기면 공주와 결혼할 자격을 얻을 수 있지만, 만약 시합에서 진다면 청혼자는 목숨을 내놓아야 한다는 조건부 결혼이었다. 왕은 아버지인 전쟁의 신 아레스로부터 받은 명마 두 필과 함께 뛰어난 마부 미르틸로스가 있었기에 전차경주에서는 누구에게도 지지 않을 자신이 있었다. 이런 무시무시한 결혼 조건에도 불구하고 사랑에 눈이 멀어 목숨을 잃은 청혼자가 12명에 달했다. 그리고 열세 번째 청혼자로 펠롭스가 나섰다.

아름다운 공주를 얻기 위해 목숨까지 거는 이야기는 자코모 푸치니의 유명한 오페라 〈투란도트〉를 떠올리게 한다. 얼음공주 인 투란도트는 할머니에 대한 트라우마로 결혼을 거부하다 조건 을 내건다. 자신이 낸 세 가지 수수께끼를 모두 맞추면 그의 신부 가 되겠지만 만약 실패하면 참수형에 처한다는 조건이었다. 이런 설정은 오이노마오스 왕이 12명의 목을 베어 자신의 궁전 문 앞 에 걸어두고 공주의 구혼자들에게 공포심을 심어준 것과 비슷하 다. 〈투란도트〉에서는 많은 청혼자가 참수형을 당한 후 혜성같이 나타난 칼리프 왕자가 세 가지 수수께끼의 정답을 맞히고 공주를 차지하게 된다. 그리고 그 유명한 아리아 〈네순 도르마〉를 부르 며 자신의 승리를 확신한다.

펠롭스 가문의 비극과 술수

하지만 그리스 신화에서는 이렇게 인격적으로 훌륭한 인성을 갖춘 영웅을 찾아보기 힘들다. 펠롭스는 칼리프 왕자와는 전혀 다른 의롭지 못한 방법으로 공주를 차지하고, 불의의 사고로 목 숨을 잃은 왕 대신 왕위 계승자가 된다. 목적을 달성하기 위해 수 단과 방법을 가리지 않는 펠롭스의 비열한 행동은 그의 아버지 탄탈로스와 닮은꼴이다.

아버지 제우스의 든든한 배경만 믿고 기고만장했던 탄탈로스는 신들의 전지전능함을 시험하기 위해 올림포스 신들을 집으로 초대한 후 자신의 아들 펠롭스를 죽여서 만든 음식을 대접했다. 펠롭스의 인육으로 만든 음식이라는 것을 알아챈 신들은 대노했다. 비정한 아버지에게는 평생 굶주림과 갈증에 시달리는 벌을 내리고 펠롭스는 다시 살아나게 한다. '감질나게 하다'라는 영어 동사 tantalize의 어원이 바로 이 탄탈로스에서 비롯된 것이다.

신들의 자비로 새로운 삶을 얻지만 피는 못 속이는지 펠롭스는 공주를 차지하기 위해 왕의 마부를 매수하는 부정한 방법으로 전차경주에서 승리했다. 마부 미르틸로스는 성공의 대가를 요구했지만 그에게 돌아온 것은 죽음뿐이었다. 미르틸로스가 죽으면서 펠롭스에게 내렸던 저주가 오레스테스까지 5대에 걸쳐 이어지는 비극의 출발점이 된 것이다.

펠롭스는 죽은 오이노마오스 왕을 기리기 위해 제우스의 성지인 올림피아에서 성대한 추모 경기를 열었고, 이것이 올림픽 경기의 기원이 된 것이다. 삼각형 박공지붕 정중앙에는 머리 없는 제우스 신이 서 있고, 그 오른편에 펠롭스와 히포다메이아 그리고 네 마리 말이 끄는 마차 앞에 마부가 무릎을 꿇고 있다. 반대편에는 오이노마오스 왕과 왕비 옆에서 마부 미르틸로스가 무릎을 꿇은 자세로 말고삐를 잡고 있다.

동쪽 박공지붕 부조에서 가장 인상적인 조각은 지붕 양쪽 끝

협소한 공간에 엎드린 자세로 있는 두 신의 모습이다. 바로 올림피아 성역의 경계가 되는 알페이오스강과 클라오데스강의 신들이다. 그들은 마치 나는 네가 전차경주에서 했던 일을 모두 알고 있다고 펠롭스에게 경고하는 듯 그를 주시하고 있다. 탄탈로스부터 시작된 가문의 저주가 펠롭스, 아트레우스, 아가멤논에 이어 5대손 오레스테스에 가서야 끝을 맺을 것을 예견하고 있는 듯 의미심장한 눈빛이 서늘하다.

돌에 새겨진 테세우스와 헤라클레스

맞은편에는 제우스 신전 서쪽 박공지붕을 장식했던 부조의 잔해들을 재구성해 놓았다. 그리스 북부 테살리아 지역의 펠리온산을 중심으로 서로 이웃해 살았던 라피타이족과 반인반마의 모습을 한 켄타우로스 간의 전쟁을 생생하게 새겨 놓은 유물이다. 라피타이족의 왕인 페이리토스는 자신의 결혼식에 친구 테세우스와 이웃인 켄타우로스들을 초대했다. 그런데 하객으로 참석한 켄타우로스들이 술에 취해 신부와 여자들을 납치하려다 이를 저지하는 라피테스족과 싸움이 벌어졌다. 자신의 가슴을 움켜쥔 켄타우로스에 저항도 못하고 비명도 지르지 못하는 신부의 모습을 담은 부조는 놀라울 만큼 생생하다.

- 올림피아 유적지에서 발굴된 잔해들은 파르테논 것과 비교하면 상태가 양호하다.
  특히 제우스 신전을 장식했던 부조의 잔해는 큰 파편으로 많이 남아 있어 내용을 이해하기 쉽다.
  라피타이족과 켄타우로스 간의 싸움을 현장에서 보고 있는 듯 생동감이 넘친다.

페이리토스와 생사를 함께 하겠노라 맹세했던 테세우스는 아테네의 영웅답게 위험을 무릅쓰고 일거에 야만족 켄타우로스를 제압하고 펠리온 산에서 쫓아버렸다. 그런데 켄타우로스 중에는 아킬레우스를 가르쳤던 케이론이라는 현자도 있었으니 모든 켄타우로스가 다 이렇게 야만적이고 폭력적이었던 것은 아니다.

정중앙에 자리한 아폴론 신은 정의의 심판을 내리듯 신부 쪽으로 팔을 뻗고 있다. 동편의 제우스 신은 머리가 없어졌지만 아폴론은 두 무릎 아랫부분만 제외하면 거의 완벽한 형상으로 남아 있다. 서쪽 박공 역시 모서리 끝 좁은 공간의 조각 상태가 양호한

편이다. 양쪽 모두 라피타이 여인들을 조각한 것인데 두려움이 가득한 표정만 봐도 이 난동이 그들에게 얼마나 큰 충격이었는지 짐작할 수 있었다. 제우스 신전에 이런 훌륭한 영웅담을 새겨 놓은 것은 야만인 켄타우로스를 물리치기 위해 목숨을 건 전투를 치른 선조들의 용맹함을 두고두고 기억하자는 취지였으리라. 올림피아 제전의 기원이 됐던 펠롭스의 전차경주를 부조로 남겨 놓은 것은 부정한 방법으로 얻은 승리는 반드시 재앙이 따른다는 교훈을 후손들에게 주기 위함이 아니었을까. 제우스 신전 삼각형 박공지붕 조각의 복원 추정도를 보고 있으니 마치 파노라마 영화를 보는 듯 흥미로웠다.

박공지붕 아래 띠처럼 신전 기둥을 장식했던 메토프 부조에는 헤라클레스의 열두 가지 노역을 모두 조각으로 남겨 놓았다고 하는데, 그중 몇 개 남아 있지 않았고 그나마 설명서를 보지 않으면 쉽게 이해하기 어려울 정도로 심하게 훼손돼 있었다. 거의 신의 반열에 오른 영웅의 열두 과업 중 내가 확실히 기억하고 있는 한 가지는 스팀팔루스 호수에 사는 괴물 새를 죽이는 그의 여섯 번째 노역이다.

2008년 서울 시립미술관에서 열렸던 앙투안 부르델 특별 전시회가 기억난다. 스승인 로댕과 함께 프랑스 근대 조각계의 거장이자 자코메티의 스승이었던 부르델의 대표작 〈스팀팔루스 호숫가의 새를 사냥하는 헤라클레스〉를 처음 봤을 때 조각에서 느껴지는 압도적인 힘에 숨이 막힐 것 같았던 그 순간은 지금도 기억이 생생하다. 고전 그리스 조각처럼 미끈하게 흠잡을 데 없는 신체의 아름다움을 극대화한 작품만 뛰어나다고 생각했던 내 좁은 시각을 바꿔주는 계기가 됐던 작품이다.

밀로의 비너스에 비견되는 헤르메스 상

올림피아 박물관이 가장 자랑하는 소장품이 무엇인지는 한눈에도 알 수 있다. 그것은 박물관 가장 안쪽 단독 전시실에서 눈부신 조명을 한 몸에 받고 있는, 디오니소스를 안고 있는 헤르메스 상이다. 헤라 신전 내부에서 발견된 이 조각상은 기원전 340~330년경 제작된 프락시텔레스이 작품으로, 현존하는 헤르메스 조각상 중 가장 뛰어난 작품으로 알려져 있다.

왼팔에는 어린 디오니소스를 안고 있고 오른팔은 팔꿈치 밑부분은 남아 있지 않다. 오른쪽 다리로 무게 중심을 잡고 왼쪽 다리를 살짝 앞으로 내민 포즈와 한 팔이 일부만 남아 있는 형상이 밀로의 비너스를 떠오르게 했다. 조각상은 높은 단 위에 있어 모든 관람객은 이 작품을 보기 위해 우러러봐야만 한다. 전면, 후면 그리고 측면 어디에서 보아도 아름다운 황금비율의 남성 신체를 아낌없이 드러내고 있었다.

● 루브르 박물관에 전시된 얼굴 없는 사모트라케의 니케상과 달리
　동그란 얼굴을 올려놓은 올림피아 박물관의 니케는 오히려 낯설다.

　　박물관의 또 다른 보물은 메세니아와 나우팍토스가 스파르타
와의 전쟁에서 승리한 기념으로 제우스 신에게 바쳤다는 승리의
여신상 니케다. 헤르메스와 마찬가지로 사방에서 내리쬐는 조명
을 받으며, 단독 진시실 높은 단 위에 전시돼 있어 역시 우러러봐
야 한다. 루브르의 니케 상에 너무 익숙해서인지 이곳에 전시된
승리의 여신상은 사뭇 색다른 느낌을 받았다. 전자는 이미 쟁취

한 승리에 취해 양 날개를 활짝 펼쳤다면, 올림피아의 니케 상은 앞으로 다가올 승리를 위해 곧 비상할 준비를 하고 있는 듯 양 날개가 아직 두 팔 아래에 걸쳐져 있었다. 물론 루브르의 니케가 압도적인 힘과 크기로 승리의 날개를 활짝 펼치고 있는 반면, 올림피아의 니케는 아직 몇 번의 승리밖에는 경험하지 못한 수줍음으로 여성적인 아름다움을 과시하고 있었다. 우선 얼굴이 없는 루브르의 여신 모습이 너무 익숙해서인지, 목 위로 살짝 동그란 조각을 올려놓은 올림피아의 니케는 너무나 인간적인 모습으로 보여 하반신의 실루엣이 더욱 관능적으로 느껴졌다.

부러운 프랑스의 문화마케팅

만약 루브르에 전시된 니케를 아직 못 본 관람객이라면 올림피아 박물관의 니케도 충분히 감동을 주는 멋진 작품이다. 하지만 프랑스 외교관 샤를 샹프와조가 에게해 북서부의 작은 섬 사모트라케에서 발견한 100여 점의 거대한 조각 파편을 루브르 박물관 복원팀이 2년여에 걸쳐 복원 후 새롭게 선보인 루브르의 여신상은 놀라움 그 자체였다.

여신상을 위해 드농관을 새로 단장하고 전시실 가장 높은 계단 위 단 위에 우뚝 선, 5미터가 넘는 거대한 승리의 여신상을 본 관람객은 활짝 펼친 날개에서 내뿜는 웅장함과 강인한 힘에 압도될 수밖에 없다. 올림피아 박물관과 루브르가 가장 아끼는 그리스 조각 소장품들은 유사점이 참 많은 것 같다. 디오니소스를 안은 헤르메스 상과 승리의 여신 니케 상 그리고 밀로의 비너스와 사모트라케의 니케. 사실 이 작품들은 모두 그리스가 원산지이다. 그러나 출신 지역을 뛰어넘어 루브르 박물관에서 더욱 빛을 발하고 있다는 것은 부인할 수가 없다.

내 개인적인 생각이지만 문화마케팅 측면에서 프랑스를 따라갈 나라가 없을 것 같다. 그리스 영토인 사모트라케와 밀로 섬에서 발견된 니케 상과 비너스 상은 루브르가 가장 아끼는 그리스 조각이다. 만약 조각난 승리의 여신상 잔해를 그리스가 찾았다면 오늘날 세계인들이 루브르에서 볼 수 있는 사모트라케의 니케 상과 같은 모습으로 복원할 수 있었을까. 그것은 불가능했을 것 같다. 원래 그리스 조각가의 작품인데 고향인 그리스보다 타국인 프랑스에서 더욱 빛을 발하는 승리의 여신상을 보면 무엇을 보여준다는 개념의 마케팅은 정말 중요한 요소인 것 같다.

에밀 졸라의 소설 〈여인들의 행복 백화점〉에는 세계 최초 백화점인 봉 마르셰에 대한 이야기가 나오는데 고객을 유치하기 위해 우편물을 보내고 여러 기획행사를 하는 아이디어가 오늘날의 백화점 이벤트와 크게 다르지 않다. 19세기 말에 발표한 소설이니 프랑스의 마케팅 역사는 130년을 훌쩍 넘기고 있는 셈이다.

레판토 해전의 상흔을 딛고

● 베네치안 성벽 위 한 그루 소나무가 멋진 풍경을 연출하고 있다.

루첼라이 정원의 산책자들

올림피아에서 출발하는 날 아침에는 시험을 무사히 끝낸 수험생처럼 몸과 마음이 모두 홀가분하고 상쾌했다. 아마 전날 올림픽 발상지인 이곳에 와서 달리기로 선의의 경쟁을 벌였던 작은 축제가 아직은 서먹했던 단체여행의 분위기를 화기애애하게 만들어준 덕분인 것 같았다. 또 아테네와는 확실히 다른 피톤치드를 내뿜는 듯한 맑은 공기를 만끽하며 하룻밤을 올림피아 산장에서 보냈던 것도 중요한 이유이리라.

전날 저녁에는 식사 후 우리 팀이 유일한 투숙객이란 점을 이용해 널찍한 식당에서 일행인 김 테너가 서너 곡의 아름다운 노래를 불러주는 '작은 음악회'를 했던 것도 몸과 마음의 피로를 말끔히 씻어주었다.

펠로폰네소스 반도에서의 유일한 일정을 끝내고 오후에는 다시 그리스 본토로 돌아가야 했다. 스파르타, 미케네 등 역사적으로 중요한 유적지가 많지만 다음을 기약할 수밖에 없었다. 대신 그 아쉬움을 달래기 위해 델포이로 가기 전 짧은 시간을 할애해 티 타임을 갖는 즉석 스케줄을 만들었다. 그 장소는 파트라스 만 근처의 항구를 끼고 있는 작은 도시라고 했다. 발음하기도 어려운 나프팍토스라는 이름만으로도 거부할 수 없는 호기심이 생겼다.

지중해 패권을 놓고 벌인 세계사적 해전

중세에는 레판토라 불렸던 이 작은 항구 도시는 지중해 패권을 놓고 이슬람 세력과 가톨릭 세력이 큰 해전을 벌였던 역사적인 장소다. 1571년 10월 7일 이슬람 세력인 오스만제국에 대항해 베네치아와 스페인 그리고 로마교황청까지 힘을 합친 신성동맹 연합군이 총집결해 격렬한 해상전투를 벌였다. 역사적인 해전이라는 명성과 함께 최단기간에 승패가 갈렸던 전쟁이었다. 시오노 나나미는 《레판토 해전》이란 책에서 단 하루 만에 승패가 갈린 이 전쟁에 대해 아침, 점심, 저녁 시간대별로 나누어 흥미진진하게 그리고 있다.

1453년 콘스탄티노플을 점령한 오스만제국은 호시탐탐 지중해를 노렸다. 마침내 베네치아의 지중해 전진기지였던 키프로스를 공략하면서 지중해 패권을 두고 물러설 수 없는 해전이 발발

했다. 아주 어렸을 때 〈지상 최대의 작전〉이란 영화를 봤던 기억이 났다. 제2차 세계대전 당시 연합군이 독일군에 맞서 노르망디 해안에 상륙하는 하루 동안의 이야기를 그린 전쟁영화다. 원제인 'The Longest Day'는 서로 먼저 승리를 쟁취하기 위해 피 말리는 작전을 수행했던 하루라는 시간이 영원히 끝나지 않을 것처럼 느껴졌던 날을 상징하기 위해 제목으로 정했던 것 같다. 레판토 해상에서 격렬한 전투를 벌였던 신성동맹 연합군과 오스만제국 양 진영 모두에게도 이날은 아마도 가장 길었던 하루였으리라.

키프로스는 베네치아와 알렉산드리아를 연결하는 주요한 중계기지였기에, 지중해 상권을 차지하기 위해서는 꼭 필요한 곳이었다. 반면 가톨릭 국가들은 오스만제국의 서진에 맞서 지중해의 주도권을 지키는 데 필요했던 중요한 기지라 서로 물러설 수 없는 전투를 벌였던 것이다. 레판토 해전은 갤리선이 주도한 최후의 해전으로, 승패를 갈랐던 가장 주된 요인은 오스만제국의 군대가 해전보다는 육전을 위해 양성된 군대였다는 점이다. 격침된 갤리선의 수도 오스만이 200여 척이었던 데 비해, 신성동맹 연합군 피해는 미미했다고 한다.

아기자기하고 고요했던 역사의 현장

나프팍토스 항구가 가까워지자 후드득 비가 뿌리기 시작했다. 버스에서 내렸을 때 부슬비가 내리고 있어, 항구 주변을 둘러볼 여유도 없이 곧장 카페로 들어왔다. 따뜻한 라떼 한 잔으로 몸을 좀 녹이는 동안 빗줄기가 멈춰, 출발하기 전 항구 주변을 잠깐 구경했다. 카페 작은 창 너머로 바라본 항구 풍경도 아름다웠지만, 막상 문을 열고 나왔을 때 정면에 펼쳐진 장면은 마치 카미유 코로의 풍경화를 보고 있는 것 같은 착각에 빠졌다.

항구는 각양각색의 배들이 드나드는 곳이라 분주함, 번잡스러움 이런 포구 특유의 정취가 배어 있기 마련인데, 이곳에서는 그런 것들을 찾아보기 힘들었다. 마치 항구라는 분위기를 연출하기 위해 꾸며놓은 무대장치처럼 주변 모든 것들이 소품처럼 아기자기했다. 450여 년 전 이곳에서 해전 역사상 가장 치열했던 전투가 벌어졌던 피의 현장이었다는 사실을 믿기 어려울 정도로 고요한 정적만이 마을을 감싸고 있었다.

그리스는 당시 오스만제국 지배하에 있어서 직접 전투에 참여하지 못했지만 대신 베네치아 공국이 신성동맹 연합군을 결성해 주도적으로 싸워 승리를 쟁취했다. 지중해 패권을 오스만제국으로부터 지켜낸 승전 기념으로 항구 어귀에 나지막한 성벽을 쌓아놓았다. 돌로 쌓은 베네치안 스타일 특유의 성벽은 배가 지나갈 수 있는 공간만 남겨두고 항구 양쪽으로 병풍을 두른 듯 바다를 둘러싸고 있었다. 왼쪽 성벽 위에 있는 한 그루 소나무가 더욱 멋진 풍경화를 만들어주고 있었다.

이 항구 도시의 정체성에 방점을 찍은 것은 세르반테스 동상이다. 2000년 10월 7일 전쟁이 일어나고 정확하게 429년의 세월이 흐른 바로 그 결전의 날을 기념해 베네치아가 그리스의 네프팍토스 시에 기증한 선물이라고 한다.

레판토 해전에 참전했던 문호 세르반테스

이 역사적인 해전에서 가장 기억에 남는 인물은 신성동맹 연합군 총사령관인 돈 후안이 아니고 에스파냐 동맹군의 일원으로 자원 출전한 세계적인 문호 세르반테스다. 전쟁에서 입은 상처로 평생 왼손을 쓸 수 없는 불구의 몸이 됐지만, 훌륭한 문학작품을 쓰겠다는 그의 의지는 변함없이 굳건했다.

군 생활을 마치고 집으로 돌아가기 위해 탔던 배가 해적의 공격을 받아 인질로 잡혀 알제리로 끌려가 무려 5년 동안 노예 생활을 했다. 여러 번 탈출을 시도했지만 번번이 실패하고 모진 고초를 겪다 친구들의 도움으로 몸값을 지불하고 간신히 고향으로 돌아올 수 있었다. 마드리드에서 세비야로 이주한 후 세금징수원으

● 베네치아가 네프파토스시에 증정한 세르반테스 동상 한
   점이 항구의 풍경을 더욱 다채롭게 만들어주는 것 같다.

로 일했는데, 행정상의 실수로 횡령 혐의를 받고 몇 차례 감옥에
갇히게 된다. 세르반테스의 삶은 이처럼 온갖 시련과 불행으로
점철돼 있어 그 자체가 소설보다 더 드라마틱하다. 기구한 운명
에 절망할 법도 하지만, 그는 자신이 겪었던 파란만장한 경험을
바탕으로 감옥에서 글을 썼다. 그 소설이 바로 《돈키호테》다.

레판토 해전에서 신성동맹 연합군이 승리를 거두고 지중해의

패권을 다시 잡았지만 그 승리의 기쁨은 오래가지 못했다. 이렇게 본다면 이 전쟁에서 진정한 승리를 쟁취한 인물은 바로 세르반테스가 아닐까. 비록 왼손을 평생 쓸 수 없는 큰 상처를 입었지만, 무사한 오른손으로 세계에서 성경 다음으로 많이 읽히고 있다는 《돈키호테》란 불후의 명작을 남겼으니 말이다. 세르반테스의 소설 《돈키호테》는 최초의 근대소설로 단테 이후 셰익스피어와 함께 서양의 중심 작가로 우뚝 서게 됐다. 우연인지 세르반테스는 영국의 대문호 셰익스피어와 같은 날, 1616년 4월 23일 68세의 나이로 세상을 떠났다.

포구 입구에서 바다를 내려다보며 서 있는 대문호의 동상은 살바도르 달리처럼 멋진 카이젤 수염을 기르고 오른손에 펜을 잡고 하늘로 뻗은 자세를 취하고 있다. 비록 한 손은 잃었지만 다른 한 손으로 소설을 쓸 수 있기에 자신의 의지는 결코 무너지지 않겠다는 비장한 결의를 보여주고 있는 것 같았다.

로망과는 거리가 먼 자갈 해변

아치형 성벽 아래로 걸어 나오니 자갈 해변이 앞에 펼쳐져 있었다. 해운대 같은 고운 모래사장 해변을 유럽에서는 보기가 힘든 것 같다. 해안은 정말 예쁜데 막상 가까이 가보면 몽돌로 덮여 있는 경우가 많다. 아름답기로 유명한 니스 해변에서 당황했던 기억이 난다. 바닷가 해변은 모두 해운대처럼 고운 모래로 덮여 있는 줄 알았는데, 자갈로 덮인 해변이 있다는 사실을 그때 처음 알았다. 맨발로 걸으며 부드러운 모래 촉감을 즐길 수 있는 우리나라의 해변 모래사장이 얼마나 큰 자연의 축복을 받았는지 새삼 감사한 마음이 들었다.

겨울철 바닷가는 쓸쓸한 아름다움이 매력이다. 이제 비는 거의 다 그쳤다. 앞에 시원하게 펼쳐진 바다는 코린토스 운하에서 계속 이어지는 바닷길이니 이오니아해인 것 같다. 잔잔한 바다는 언제 그런 피비린내 나는 해전이 벌어졌는지 무심하기만 했다. 아무도 찾지 않았던 그날 오전 2월의 나프팍토스 바닷가에서 우리는 마음껏 호젓함을 즐길 수 있었다. 항구 반대편 언덕길 위로는 주택가가 펼쳐졌지만 오전에 내렸던 비 탓이었는지 해변에서 현지인을 찾아보기 어려웠다. 이런 여유를 만끽하는 것이 언제였던가. 여행이 주는 자유와 걱정 근심 내려놓기에 행복을 느끼는 순간이었다.

세계의 중심, 옴팔로스

● 파르나소스 산 절벽 중턱에 자리잡은 델포이 성역의 아폴론 신전터.

나프팍토스에서 출발 후 차창 밖으로 펼쳐지던 풍경이 어느 순간 바뀌며 갑자기 산길로 접어들었다. 평지에서 산지로 들어가는 길목에서 바뀌는 풍광은 알퐁스 도데의 단편소설 〈별〉에 나오는 프로방스의 산악지대 뤼베롱으로 가던 길을 떠올리게 했다. 산이 전 국토의 7할 이상을 차지하는 그리스에서 맞닥뜨린 산간마을은 또 다른 독특한 풍경으로 여행자를 반갑게 맞아주었다. 버스는 산 중턱을 깎아 만든 구불구불한 도로를 따라 산촌마을로 올라갔다. 방금 지나온 길을 내려다보니 발밑이 까마득하다. 마침내 델포이에 도착한 것이다.

그리스의 중부 포키스 지방 남쪽 파르나소스산 중턱에 위치한 델포이는 신화는 물론 역사와 문학작품에 자주 등장하는 신탁으로 유명한 곳이다. 고대 그리스인들은 국가의 중대사를 논의하기 전 반드시 신의 뜻을 전해 듣고 나서야 최종 결정을 내렸다고 한다. 신탁이란 판단하기 어려운 문제를 인간이 묻고 신의 답을 들

루첼라이 정원의 산책자들

● 영험한 산세를 받아 소원을 빌면 이루어진다고 해서 모두 맘 속으로 열심히 소원을 말했다.

는 일종의 종교의식이라고 할 수 있겠다. 그리스에는 각지에 신탁을 받기 위한 신전이 있었지만 그중 델포이는 특별히 중요한 곳이었다. '영험함'으로 명성이 높았던 아폴론 신탁소가 있었기 때문이다.

이곳의 신탁은 아폴론의 예언을 여사제인 피티아를 통해 듣는 의식이었다. 기원전 6세기경부터 델포이의 명성은 널리 퍼져 그리스는 물론 주변 국가에서도 사람들이 몰려들었다. 그러나 392년 로마 황제 테오도시우스 1세가 기독교 이외의 종교를 금지하는 이교 숭배 금지령을 내림으로써 델포이 성역은 완전히 파괴되고 말았다.

이곳은 원래 유적지 지역에 살던 마을 사람들이 19세기 말 이주해 와 형성된 신시가지로 주변을 둘러보니 식당, 기념품점, 호텔 등 관광객을 위한 편의시설이 많이 있어 전형적인 관광촌임을 알 수 있었다. 실제로 식당에서 그리스 여행 기간 중 처음으로 한국인 관광객들을 만났다. 일행 중 한 명이 반갑게 인사하며 물었더니 성지순례를 하고 있다고 했다. 보통 성지순례라고 하면 불교나 기독교 등 종교 유적지를 찾는다고만 생각했는데, 무속신앙이라고 할 수 있는 신탁을 받았던 장소도 성지순례 코스에 포함돼 있다는 것은 처음 알았다. 하지만 곰곰이 생각해보니 델포이는 신탁으로 종교의 중심지 역할을 했던 시절이 있었으니 성지와 전혀 무관한 것은 아닐 수도 있겠다 싶었다.

제우스가 정한 '세상의 중심'

점심 식사 후 유적지 방문에 나섰다. 그리스에서 올림포스산 다음 두 번째로 높은 파르나소스 산은 해발 2400여 미터로 남한에서 가장 높은 한라산보다 더 높다. 실제로 아폴론 신전이 있었던 성역은 해발 500미터 고지에 있으니 본격적인 등산로에 가깝다고 할 수 있다.

입구에서 처음 만나는 조형물은 '옴팔로스'라 불리는 삼각형 모양의 석상인데, 세상의 중심이 바로 이곳이라는 표지로 세워둔 돌이다. 신화에 따르면 제우스가 세계의 중심이 어디인지 알아보기 위해 독수리 두 마리를 각각 반대 방향으로 날려 보냈는데, 나중에 서로 만난 장소가 바로 이곳이었다고 한다. 우연인지 델포이는 당시 그리스 사람들이 살았던 영역의 대략적인 중심부에 해당된다고 한다.

유적지 입구에서 아폴론 신전 터까지 가는 길 양쪽으로 고대 여러 폴리스가 바친 봉헌물을 보관했던 보물창고가 줄지어 있었

- 자신보다 뛰어난 자식이 태어날까 두려웠던 크로노스는 레아가 출산을 할 때마다 태아를 모두 삼켰다. 막내아들인 제우스가 태어났을 때 레아는 태아 대신 돌을 건네주고 아들을 크레타섬에 있는 이데산에 숨겼다. 제우스가 성장해서 메티스의 도움으로 크로노스에게 토하는 약을 먹인 후 형제들을 모두 살렸는데, 그때 크로노스가 뱉어냈던 돌이 옴팔로스라고도 한다.

다고 한다. 그런 자부심 때문인지 델포이인들은 이 길을 '신성한 길'로 불렀다. 지금은 모두 폐허가 돼 남아 있는 주춧돌로만 과거의 영화를 상상해 볼 수 있었다. 그중 유일하게 20세기 초에 복원된 아테네 보물창고가 눈에 띈다. 기원전 490년 마라톤 평원에서 페르시아에 승리를 거두고 자신들의 세력을 과시하기 위해 수많은 전리품을 보관할 보물창고를 델포이 성역에 짓고 아폴론 신에게 그 영광을 바쳤던 것이다.

한때 폴리스 중 최고의 부를 자랑

로마 시절 광장 역할을 했던 아고라가 있었던 원형 터가 나왔다. 열주 몇 개만 남아 ㄱ 옛날 번영했던 시절을 상상할 수 있는 것은 복원도밖에 없지만, 신탁을 받으러 왔던 많은 사람들이 맨 처음 들렀던 중요한 만남의 장소였다는 것은 짐작할 수 있었다. 신전에 바칠 각종 제물이나 제의에 필요한 종교 물품을 팔았던 시장터였던 셈이다.

근처에 '시빌의 바위'라는 현대 설치작품 같은 독특한 형상의 큰 돌이 하나 놓여 있었다. 델포이 최초의 여사제였던 시빌이 신탁을 내렸던 곳이라니 델포이 신탁의 시작을 알리는 중요한 의미가 있는 바위다. 아폴론 신전으로 오르는 길 주변에는 예사롭지

● 아테네가 페르시아에 거둔 승리를 기념하기 위해 전리품을 녹여 만든 청동기둥. 원래는 세마리 뱀 머리가 기둥 위에 올려져 있었는데 모두 약탈당하고 오늘날 이스탄불 히포드롬 광장에 남아 있는 기둥을 복제해 전시해놓았다.

않은 것들이 종종 눈에 들어왔다. 이오니아식 기둥머리로 장식된 무너진 기둥이 길옆에 무심히 놓여 있었다. 굽이치는 물결 형상

장식 위에도 예쁜 꽃장식이 섬세하게 조각돼 있어 영롱한 아름다움을 발하고 있었다. 현대 정원에 갖다 놓아도 장식품으로 손색이 없을 것 같았다. 기둥머리 밑 부분도 세로로 홈을 파서 일정한 패턴으로 조각된 모양이 반 토막이 난 그대로도 조각가의 솜씨가 돋보였다.

갑자기 사방이 확 트인 산세에 오른쪽을 바라보니 뱀이 꽈리를 튼 형상의 청동 기둥이 높은 단 위에 우뚝 솟아 있었다. 바로 그 순간 주변을 감싸고 있는 묘한 분위기에 등산길의 피로감이 씻은 듯이 사라지며 왠지 모르게 기운이 샘솟는 듯했다. 기원전 479년 아테네가 플라타이아이 전투에서 페르시아에 승리한 기념으로 델포이에 바친 조형물이다. 원형은 세 마리의 뱀이 서로 꽈리를 틀어서 중심기둥을 이루고 그 위로 세 개의 뱀 머리가 황금으로 된 세발솥을 떠받치고 있었다고 하는데, 콘스탄티누스 황제가 약탈해 동로마 제국의 수도 콘스탄티노플로 옮겨져서 오늘날 이스탄불 히포드롬 광장에 몸체만 남은 청동 기둥이 남아 있다고 한다.

비록 복제품이지만 마치 2,500여 년 전의 영험한 기운이 여전히 그 카리스마를 발산하고 있는 것 같았다. 신기루 같은 주변을 둘러보니, 파르나소스산 중턱에 살짝 내려앉은 듯 기묘한 지형은 마치 병풍을 두른 것처럼 거대한 산괴가 신전을 포근히 감싸 안고 있었다. 험준한 파르나소스산 중턱에 있는 델포이 성역에서 이 세상 어느 곳보다 안전할 것 같다는 느낌은 바로 그 포근함에서 오는 듯했다. 한때 그리스 폴리스 중 최고의 부를 누렸던 영광도 세월 앞에서는 덧없이 사라지고 신전 터에는 주춧돌만 남아 있었다. 그래도 오랜 세월 동안 쓰러지지 않고 살아남은 돌기둥 여섯 개가 그 옛날 아폴론 신전의 장엄함을 말해 주고 있었다.

신탁의 명성은 애매함에서

아폴론은 왜 자신이 태어났던 델로스 섬이 아닌 이 첩첩산중에 신전을 만들었을까. 이 수수께끼의 답은 출생 과정의 비밀에 있다고 할 수 있다. 아폴론과 아르테미스 쌍둥이 남매를 낳은 레토는 티탄 신족인 코이오스와 포이베의 딸이다. 사촌인 제우스의 사랑을 받아들여 남매를 가졌지만, 헤라 여신의 방해로 출산할 곳을 찾지 못하고 떠돌고 있었다. 그때 헤라의 사주를 받아 레토를 추격했던 가이아의 아들이 왕뱀인 피톤이다.

우여곡절 끝에 포세이돈의 도움으로 간신히 델로스 섬에서 두 남매를 낳은 후 어머니 레토는 아들 아폴론에게 복수를 청한다. 피톤이 차지하고 있었던 땅이 바로 이곳 델포이였는데, 아폴론은 궁술의 명수답게 활로 피톤을 쏴 죽이고 이 땅을 접수했다. 그리고 자신을 섬기는 신전을 짓고 불멸의 신이 내리는 미래에 대한 답변을 받게 될 인간 대표로 '피티아'라 불리는 여사제를 두기로 한 것이다. 신탁소에서는 인간이 던지는 질문에 대한 신의 답변을 피티아가 중얼거리면 그 말을 다시 남자 신관이 의뢰인에게 전달하는 형식이었다고 한다.

하지만 신관을 통해서 듣는 신의 답변은 해석하기에 따라서 애매한 내용이 많았다고 한다. 오죽하면 Delphic이란 영 단어의 의미가 '수수께끼 같은'이란 뜻이 됐을까. 하지만 델포이 신탁소의 명성은 아이러니하게도 점괘가 족집게처럼 정확해서라기보다는 애매모호함에 있었던 것 같다. 그래서 델포이 신탁소의 명성에 그리스 전역은 물론이고 리디아 멀리는 아프리카 대륙 이집트에서도 험난하고 먼 길을 찾아왔다고 한다.

과학과 의학이 발달한 첨단 문명 시대를 살고 있는 현대인들도 불확신한 미래에 대한 불안이 많은데, 하물며 고대 그리스 시대에 살았던 사람들은 더하지 않았을까. 신의 뜻을 미루어 짐작하면서 그런 불안감을 조금이라도 덜고 싶어 많은 시간과 공을 들였던 것 같다. 이곳을 찾았던 사람들은 개인적인 문제보다는 폴리스의 대표자 자격으로 주로 나라의 중대한 결정 사항을 물어봤다고 한다. 하지만 그 답이 여러 가지로 해석이 가능한 모호한 신탁이 많아서 의뢰인들을 곤혹스럽게 했다고 한다.

여사제와 신을 연결해준 연기의 비밀

아폴론 신전 내부는 3개의 방으로 나뉘어 있었는데, 신탁을 받으러 온 사람들은 첫 번째 방에서 자신의 질문을 신관에게 말하면 다시 그 질문을 여사제인 피티아에게 전달했다고 한다.

델포이의 여사제를 소재로 그린 많은 서양화 중에서 특히 영국 화가 존 콜리어가 그린 1891년 작품은 상상했던 무녀의 이미지에 딱 들어맞아 보인다. 그림 속 피티아는 양손에 월계수 가지와 접시를 들고 삼각대에 앉아 바닥의 갈라진 틈새로 나오는 연기에 취한 듯 몽롱한 눈빛을 하고 있다. 바로 이 순간이 피티아가 남자 신관이 전해준 의뢰인의 질문을 아폴론 신에게 전하고 그 답을 듣는 절정의 순간이 아니었을까. 아폴론은 예언과 태양, 음악과 시의 신이니 피티아에게 내리는 신탁도 거의 운문 형태를 띠고 있어 그 내용이 더욱 모호했다고 한다.

콜리어의 그림이 가장 빛나는 것은 피티아가 어떻게 신의 대리인 역할을 했는지 그 무아지경의 순간을 절묘하게 포착해 누구나 이해하기 쉽게 아폴론의 여사제를 잘 보여주기 때문인 것 같다. 게다가 피티아의 고혹적인 외모는 보는 사람들에게 흥미와 신비감을 더해주고 있다. 개인적으로 특히 이 그림이 마음에 와닿은 가장 큰 이유는 바닥의 갈라진 틈새에서 구름처럼 피어오르는 연기의 출현이다.

델포이 성역을 발굴했던 프랑스 고고학자들이 가장 애타게 찾았던 것도 바로 이 연기가 올라올 수 있는 신탁소 바닥의 틈새였다고 한다. 들이마시면 성령을 받을 수 있는 것으로 알려진 기체는 프네우마(pneuma)라는 이름으로 전설처럼 전해져 왔다. 델포이 발굴이 끝난 이후에도 프네우마의 실체를 찾기 위한 고고학자들의 추적이 이어졌지만 누구도 성공하지 못했다.

델포이 신탁 과정의 비밀을 밝혀낸 사람은 고고학자가 아닌 미국 지질학자 드 보에 교수다. 1980년부터 20여 년간 끈질긴 추적 끝에 아폴론 신전의 갈라진 틈을 확인하고, 지하의 역청 석회암에서 방출되는 연기가 탄화수소와 에틸렌이라는 것을 밝혀냈다. 100여 년간 고고학자들이 찾을 수 없어 불가사의한 수수께끼로 남을 뻔했던 연기의 실체와 장소의 규명은 이렇게 지질학계의 성과로 남게 됐다.

외부의 화학적 자극이 아무런 영향을 미치지 않았다고는 할 수 없겠지만, 그 한 가지만으로 여사제인 피티아가 아폴론 신과 영적으로 교감하는 현상을 완전히 설명할 수는 없을 것 같다. 아무리 현대 과학이 발달했다 해도 그것은 과학만으로는 설명할 수 없는 영적인 세계에 속하기 때문이다. 우리나라에서도 신들린 무당이 작두 위에서 발을 다치지 않고 춤을 추는 것과 마찬가지로 피티아의 델포이 신탁도 과학으로 규명할 수 없는 신과의 교감으로 이루어지는 신의 영역에 속하는 것인지도 모른다. 2,500여 년

전 여사제가 신의 목소리를 전달했던 매개체를 20여 년의 탐구 끝에 기어코 밝혀낸 지질학자의 노고와 끈기에 치하를 보내는 마음도 있지만, 한편으로는 영적인 존재로 생각했던 피티아의 신비감이 없어진 것이 좀 아쉽기는 하다.

지금도 쓰이는 야외극장의 독특한 분위기

아폴론 신전 터에서 계단을 오르면 반원형 그리스 야외극장이 나온다. 로마 제국 시절 재건해 거의 원형을 보존하고 있다. 35줄로 이어진 극장은 5,000석의 좌석을 자랑하고 있다. 오늘날에도 음악회나 연극 공연이 열리고 있단다. 무더운 여름밤 완전히 어둠에 묻혀 사방이 캄캄할 때 공연을 하노라면 누군가는 아폴론 신의 목소리를 들을 수 있지 않을까. 생각만으로도 즐거운 상상이다.

가운데 객석에 서서 아폴론 신전 터를 내려다보니 큰 돌을 대리석 못지않은 멋진 예술작품으로 만들어 놓은 그리스인들의 미적 감각에 경탄이 절로 나왔다. 아폴론 신전 기둥은 파르테논 신전의 기둥과는 또 다른 무게감으로 감동을 주고 있었다. 돌로 이루어진 군상이 이렇게 멋진 조합을 이룰 수 있다는 사실에 다시 한번 놀랐다.

세상 어느 곳에서도 경험해보지 못하는 델포이만이 가진 독특한 분위기는 성역을 둘러싼 주위 환경과 자연이 만들어낸 오묘한 조화 덕분이다. 그것은 단연코 쉽게 오를 수 없는 산 중턱이란 장소가 주는 신비함 덕분이 아니었을까. 지금은 단지 여섯 개의 돌기둥만 남아 있지만 장엄했던 신전 건축물을 상상해보면 그 당시 신탁을 받으러 왔던 사람들에게 어떤 아우라를 뿜었을지 상상만으로도 흥미롭다.

아폴론이 왜 대지의 여신 가이아의 아들 피톤을 활로 쏴 죽이면서까지 이곳을 차지하려고 무리수를 썼는지 이해가 된다. 어머니의 복수를 위해서 왕뱀을 죽인 것은 명분일 뿐 올리브 숲으로 덮인 협곡과 아스라이 저 멀리 코발트 빛 바다가 펼쳐져 있는 이곳에 와서 꼭 이 땅을 차지하고 말리라 다짐했을 것 같다. 이곳이야말로 바로 동양의 풍수지리에서 명당이라 말하는 '좌청룡 우백호'가 틀림없을 거라 추측하며 왔던 길로 다시 내려왔다.

미래를 아는 것이 좋지만은 않다

누구나 어렸을 때 가장 알고 싶었던 것은 자신의 미래가 아니었을까. 젊었을 때는 미래를 미리 알 수 있다면 얼마나 좋을까 하는 생각도 했지만, 나이 들어보니 미래를 미리 안다는 것은 불가능하기도 하지만 축복이 아니라 화근이 될 수도 있다고 생각한다. 미리 알 수 없기에 더 나은 미래를 위해 노력도 하고 희망도 가질 수 있지 만약 미래를 볼 수 있다면 인생에서 하루하루를 최선을 다해 살아갈 의욕이나 보람을 잃지 않을까. 이런 여러 가지 부작용을 내다보시고 하늘에 계신 조물주께서 미래를 알 수 없도록 인간의 한계를 만들어 놓으신 것이 아닐까.

어렸을 때 뜻도 모르고 따라 불렀던 팝송 중에 도리스 데이가 불렀던 〈Que sera sera〉라는 노래가 있다. 우리말로는 '될 대로 되라' 이렇게 번역을 했는데, 이 뜻이 너무 책임감 없이 그냥 되는 대로 내버려둔다고만 생각했는데, 나이 들어 생각해보니 미래는 우리가 미리 볼 수는 없지만, 뿌린 만큼 거두게 되는 것이다, 이렇게 해석해야 할 듯하다. 미래에 어떤 일이 일어날지 모르니 필멸의 인간은 오늘도 각자 최선을 다해 살아가고 있는 게 아닐까.

프랑스 고고학팀의 미소

- 델포이 박물관의 '델포이 마부'상. 속눈썹과 흰자위, 홍채까지 묘사된
  눈동자가 살아있는 생명력을 느끼게 해준다.
  마치 관람객에게 말을 거는 듯하다.

19세기 후반 그리스는 서구 열강의 각축장이었다. 올림피아 발굴은 독일에, 크레타섬 발굴은 영국에 선두를 빼앗긴 프랑스가 찾아낸 곳이 바로 델포이 유적지다. 1893년 프랑스 고고학 연구소의 본격적인 발굴 조사로 천 년 넘게 지하에 묻혀 있던 신전과 극장 등 많은 유적지가 원래 모습을 되찾을 수 있게 됐다. 그리고 유적지 주변에서 발견된 많은 조각품과 봉헌물 같은 유물들을 전시하기 위해 그리스 은행가 싱그로스의 지원으로 이곳에 박물관을 건립했다.

　　프랑스 건축가 투르네르(Tournaire)의 설계로 1903년 건축된 델포이 박물관은 몇 번의 확장 공사를 거쳐 2004년 비로소 14개의 전시실을 갖춘 현재의 모습으로 다시 태어났다. 이런 연유로 이곳 박물관에서는 그리스어, 영어 이외에 프랑스어로 된 안내문도 볼 수 있었다.

한 폭의 풍경화 같은 델포이 박물관 전경

입구로 오르는 대리석 계단 앞에서 잠깐 걸음을 멈추었다. 한 면은 박물관 높은 벽에 막혀 있고 반대편도 얕은 벽을 쌓아 만든 대리석 계단을 오르며 정면을 바라보면 큰 직사각형 프레임 안에 그려놓은 한 폭의 풍경화를 보는 것 같다. 험준한 산세가 함부로 접근할 수 없는 위엄을 보여주고 있는 파르나소스산 암벽을 등지고 우뚝 서 있는 사이프러스 나무는 근사한 풍경을 선사하고 있었다. 반 고흐의 〈별이 빛나는 밤〉 그림 속 사이프러스 나무는 춤추는 듯 구불구불한 모습인데, 델포이 주변 나무들은 영험한 산세를 받고 자라서인지 형태가 위로 쭉쭉 뻗으며 하늘 끝까지 닿을 것처럼 꼿꼿이 서 있었다.

파르나소스는 암벽 산인데도 밋밋하지 않고 장엄한 자태가 경이롭기까지 하다. 박물관 입구로 가는 길을 대리석 계단으로 만들어 놓은 것은 관람객들에게 멋진 풍경을 차분히 음미할 수 있는 여유를 선사하기 위함이 아니었을까. 델포이 고고학박물관에서는 입장하기 전 주변 풍경도 무척 인상적이었다.

고대 그리스 시절 최고로 손꼽았던 델포이 신탁소의 명성은 전시품의 양보다는 타의 추종을 불허하는 품격으로 여타 박물관과 확연한 차이를 보여주고 있었다. 폴리스들은 좀 더 빨리 신탁을 받기 위해 훌륭한 봉헌물들을 경쟁적으로 아폴론 신께 바쳤다. 그리고 그 보물들을 보관할 보물창고를 경쟁적으로 세웠다. 역사가 헤로도토스에 따르면 에게해 중심에 위치한 도시국가 시프노스는 금과 은 광산 개발에서 나온 이익의 십분의 일을 바쳐 화려하고 유려한 장식이 많은 보고를 지었다고 한다.

헤라클레스와 아폴론의 다툼을 새긴 조각

시프노스 보고도 폐허가 돼 지금은 터만 남아 있지만, 건물 외관을 장식했던 많은 조각품과 장식들은 심하게 훼손되지 않은 상태로 발굴돼 스핑크스와 같은 전시실에서 관람객들의 눈을 즐겁게 해주었다. 박공지붕을 장식했던 조각에는 머리 부분이 없어진 제우스를 중심으로 왼쪽에는 아폴론과 아르테미스 그리고 오른편에 헤라클레스가 보인다. 모두 헤라에게서 얻은 자식은 아니지만 제우스가 사랑하는 자식들이다. 부조에는 피티아가 앉아서 아폴론 신의 뜻을 받았다는 삼각대 의자를 두고 이를 빼앗으려는 헤라클레스와 자신의 정체성을 의미하는 삼각대만은 절대 뺏길 수 없다고 버티는 아폴론 그리고 그들 가운데서 싸움을 중재하려는 제우스가 재미있게 조각돼 있다. 흥분한 아폴론을 다독이는 쌍둥이 남매 아르테미스를 보니 역시 피는 물보다 진한가 보다.

신 중의 신이지만 두 아들의 싸움을 말리는 모습은 여느 아버지와 다르지 않다. 배는 다르지만 모두 제우스의 훌륭한 자식들이니 그렇지 않겠나. 그리스 최고의 영웅답게 힘이 장사인 헤라클레스의 모습은 쩍 벌어진 두 다리의 간격이 아폴론보다 월등히 넓게 조각돼 있어 두 남성의 힘의 차이가 한눈에 보인다. 사랑하는 두 아들이 싸우는 모습을 보고만 있을 수 없어 중재에 나선 제우스의 모습이 무척 인간적이다. 사라진 얼굴에서 오히려 부성애를 느낄 수 있는 인간적인 면모를 상상할 수 있어 흥미롭다. 그리스 조각이 가장 발달했던 고전기 이전 기원전 6세기 말경 상고기 때 만들어진 작품이라 세련미는 덜 하지만 마음은 푸근하다.

거신족과 올림포스 신들 간의 전쟁이 소재

박공지붕 바로 아래 전시해 놓은 조각 파편에는 신들과 인간 전사들의 모습이 대조적으로 새겨져 있었다. 왼쪽으로 트로이아 편에 섰던 아폴론과 아르테미스 남매가 보이고 그 옆에 그리스 연합군을 도왔던 헤라와 아테나 그리고 바다의 여신 테티스가 나란히 앉아 있다. 양쪽 신들의 가운데 자리한 제우스의 모습에서 이 전쟁의 최종 결정자는 인간이 아니라 올림포스를 다스리는 제우스 신임을 은연중에 보여주고 있었다. 그리스 연합군 최고의 전사 아킬레우스와 트로이아의 멤논이 격렬하게 싸우는 투박한 모습이 여신들의 우아한 자태와 묘한 조화를 이루고 있었다. 불멸의 존재인 신들의 뜻을 모르고 싸우는 필멸의 나약한 인간 군상을 보여주고 있는 것 같았다.

하지만 올림포스의 신들도 이런 자리에 오르기까지 10년 동안 거신족들과 치열한 전투-이를 기간토마키아라 한다-를 벌였다. 북쪽 프리즈에 새겨져 있었던 기간토마키아 이야기는 이 세상에 공짜는 아무것도 없다는 것을 잘 보여주고 있다.

올림포스를 차지하느냐 지하세계로 떨어지느냐 하는 절체절명의 전투에서 젠더는 아무런 의미가 없다. 태어날 때부터 전쟁에 나갈 채비를 하고 나온 아테나는 거신족을 향해 창을 날리는 용맹스런 모습으로 조각돼 있다. 미의 여신인 아프로디테도 얼굴만 예쁘다고 내숭 떨 상황이 아니다. 쌍둥이 남매 아폴론과 아르테미스는 4명의 거신족을 상대하고 있었다. 후퇴가 없는 올림포스 신들과 달리 기간테스들은 겁에 질려 도망갈 준비를 하는 모습이다. 시프노스 보고의 부조들은 파르테논 신전의 조각처럼 웅장하지도 또 세련되지도 않았지만, 작은 화면 안에서 무궁무진한 스토리 텔링을 알차게 보여주고 있어 무척 재미있었다.

핑크빛 대리석으로 만들어진 스핑크스

천정을 모두 유리로 덮은 전시실은 자연채광만으로도 눈이 부셨다. 시프노스 보물창고의 남겨진 조각품들은 자세히 살펴보아야 눈길이 가지만 이 공간에서 가장 먼저 눈에 띄는 것은 낙소스 섬에서 바친 봉헌물 스핑크스다. 핑크빛이 도는 대리석상은 사람 키보다 높은 이오니아식 기둥에 올려져 있어 머리가 거의 천정에 닿을 것 같다.

고대 그리스 보이오티아 지방 테바이 사람들에게 두려움의 대상이었던 신화의 주인공은 얼굴만 유심히 들여다보면, 코와 입 주변이 약간 훼손된 것 빼고는 정성스럽게 양 갈래로 땋아 내린 머리 모양과 어렴풋한 미소는 고운 소녀의 모습이다. 테바이로 들어가는 길목 언덕 위에 숨어 있다 지나는 모든 나그네에게 던졌다는 수수께끼는 인간이 스스로 깨닫지 못했던 자신의 모습을 알려주기 위한 경종이 아니었을까. 어쩌면 스핑크스는 지혜의 여신 메티스나 아테나보다 더 지혜로운 신화 속 동물이었나 보다. 하지만 누구도 맞추지 못했던 수수께끼를 오이디푸스가 너무나 쉽게 맞추자 그만 자살해 버렸다.

자세한 이유는 알 길이 없지만 아마도 인간을 일깨워주려던 본인의 의무를 완수했기 때문에 더이상 그런 수수께끼로 나그네들을 공포로 몰아넣을 필요가 없어졌기 때문이 아니었을까. 아폴론 신전의 문에 기록된 첫 번째 경구도 바로 '너 자신을 알라'였다. 소크라테스가 했던 말로 널리 알려진 이 경구가 바로 신탁을 받으러 가는 신전 입구에 쓰여 있었던 글이라니 놀랍기만 하다.

낙소스섬 주민들은 이 첫 번째 경구에 맞는 봉헌물을 바치기 위해 이런 철학적인 질문을 던지는 상상 속 스핑크스를 생각해냈던 것일까. 키클라데스 제도에 있었던 낙소스와 시프노스섬 사람들은 철학적인 명제로 접근한 봉헌물을 바치면서 자신들의 폴리스가 영원히 존속할 수 있도록 아폴론 신에게 지극정성을 다했던 것일까. 같은 전시실에 있었던 스핑크스와 시프노스 보물창고를 장식했던 조각품들은 많은 이야기를 관람객들에게 들려주고 있는 것 같았다.

순박한 인상의 효자들, 쌍둥이 쿠로스 상

다음 전시장에서 가장 눈에 띄는 봉헌물은 아르고스에서 바쳤다는 쌍둥이 형제 쿠로스 상이다. 프랑스 고고학 발굴팀이 가장 행복했던 순간이 바로 거의 온전한 모습을 하고 있었던 형제 상을 발굴했던 순간이었다는 설명과 함께 발굴 당시 땅 밑에서 반쯤 모습을 드러낸 조각상의 사진이 전시공간 뒷벽에 붙어 있었다. 아테네에서 보았던 수많은 멋진 그리스 조각과 비교하면 너무 순박하다 못해 촌스럽고 경직된 느낌을 주는 이 조각상이 왜 프랑스 고고학팀을 기쁘게 했는지 조각의 외관만으로는 이해하기 힘들었다.

하지만 이 쿠로스 상은 8등신의 아름다운 나체를 자랑하는 멋진 조각은 아니지만, 왠지 정감이 가는 소박한 얼굴에, 다부진 건장한 체격의 청년임을 한눈에 알아보게 하는 실물 크기의 청년 조각상이다. 기원전 580년경 제작된 작품이니 이 시대에 만들어진 그리스 조상의 얼굴에서 일반적으로 볼 수 있는 독특한 미소 즉 아르카익 미소가 엿보이는 작품이다. 경직돼 보이는 앞모습보다는 오히려 알이 배긴 종아리와 탄탄한 둔부를 보여주는 뒷모습이 월등히 아름답게 느껴진다.

박물관 전시품 가운데 가장 오래된 봉헌물 중 하나로 알려진 이 쿠로스 상의 주인공은 아르고스에서 태어난 형제로 이름은 클레오바스와 비톤이다. 헤라 여신의 축제일에 여사제인 어머니가 타고 갈 수레를 끌 소가 보이지 않자, 형제들이 멍에를 뒤집어쓰고 대신 수레를 몰았다. 무사히 축제에 참석할 수 있었던 어머니는 효자 아들들이 너무 기특해서 헤라 여신에게 가장 좋은 선물을 내려달라고 했단다. 그런데 놀랍게도 여신은 이 젊은이들에게 다시는 깨어나지 못할 잠을 선사하는 바람에 축제 이틀 후에 죽었다고 한다.

'개똥밭에 굴러도 이승이 좋다'는 우리말 속담도 있듯, 헤라 여신의 이 선물은 현대인들에게는 도무지 납득하기 어려운 처사다. 하지만 올림포스 최고의 여왕 자리를 누렸던 헤라도 자식에 대한 열등감만은 어쩔 수 없어 무의식중에 아들 자랑을 한 인간에게 가장 최고의 선물을 주는 척하고 생때같은 두 아들을 하데스에게 보내버린 것이 아닐까. 헤라 여신의 이런 행동은 오히려 질투의 화신다운 면모를 보여주는 것 같았다.

이 장면에서 또 아이를 많이 낳았다는 자만심으로 자식들을 모두 죽음에 이르게 했던 테바이 암피온 왕의 부인 니오베가 떠오른다. 그녀는 여섯 명의 아들과 여섯 명의 딸을 두었다. 아폴론과 아르테미스 남매만을 자식으로 둔 레테에게 항상 과시하듯 자신의 많은 자식 자랑을 하다 12명이나 되는 자식들을 아폴론과 아르테미스가 쏜 화살에 차례로 목숨을 잃고 말았다.

우리말에도 과유불급이란 말이 있다. 넘치면 부족한 것보다 못하다는 뜻은 너무 과한 것은 반드시 화를 불러오니 조심하라는 경고다. 특히 신들이 가장 싫어하는 '휴브리스' 즉 인간의 오만을 경계하라는 경고이기도 하다. 그 옛날 아폴론 신전 문에는 '너 자신을 알라'와 함께 '모든 일에 지나치지 말라'라는 잠언도 같이 기록돼 있었다고 한다. 그러고 보니 신탁 의뢰인들이 델포이 성역에 바쳤던 봉헌물은 모두 아폴론 신전 입구의 경구들을 그대로 실천한 훌륭한 작품인 셈이다.

뒷모습도 놓칠 수 없는 청동상 '델포이의 마부'

동방의 흔적이 물씬 풍기는 쌍둥이 형제 쿠로스 상과 상대적으로 대조를 이루는 멋진 청동 조각상이 이 박물관의 백미다. 주인공답게 가장 넓은 공간에 넉넉하게 자리하고 있어 조각상을 앞에서는 물론이고 뒷모습도 오랫동안 차분히 감상할 수 있다.

'델포이의 마부'로 불리는 이 조각상은 1896년 아폴론 신전 부근에서 발굴됐다고 한다. 높이가 180센티미터로 실물 크기에 가깝고 무엇보다 눈동자의 묘사가 얼마나 생생하던지 눈매만 자세히 보면 마치 살아 있는 듯하다. 청동상은 대리석상보다 세밀한 표현이 가능하다고 하는데, 눈동자와 홍채, 흰자위 그리고 속눈썹까지 회화로는 표현하기 힘든 입체감이 있어 2,500여 년 전에 청동으로 만든 조각 작품이라는 사실이 놀랍기만 하다.

옷의 주름도 얼마나 세밀한지 완벽한 디테일에 눈을 뗄 수가 없다. 고삐를 쥔 오른손 손톱 모양까지 정성 들여 조각했다. 맨발인 발가락도 새끼발톱까지 꼼꼼히 다듬어 놓았다. 마부 청동상은 앞에서만 감상하면 절대 안 된다. 곱슬거리는 머리카락과 동여맨 머리띠부터 뒷모습도 너무나 정교하게 디테일이 살아 있어 작품 전체 어느 한 부분도 놓치지 말고 감상해야 한다.

이 청동상은 그리스 전체에서도 국립 고고학박물관에 전시되어 있는 포세이돈 청동상 다음으로 쳐주는 뛰어난 조각상이라고 한다. 그런데 내 개인적인 생각으로는 이 작품이 훨씬 더 뛰어나다. 우선 동상의 주인이 신이 아닌 인간으로 그중에서도 그냥 평범한 마차를 모는 마부라 더욱 인간미가 있다. 지금도 이 청동상을 떠올리면 살아서 내게 말을 거는 듯 속눈썹을 깜빡이는 모습의 마부가 생생하게 떠오른다.

루이비통 미술관을 건축한 프랭크 게리의 인터뷰 중 메종 서울 청담동 매장을 설계하면서 가장 깊은 영감을 받았던 작품이 바로 이 '델포이의 마부'라 밝힌 기사를 읽었던 기억이 새롭다. 이 세계적인 건축가는 그 이유를 다음과 같이 밝혔다.

"머리카락의 디테일, 눈의 흰자위 등이 온전히 남아 있는 이 조각상 앞에 서 있으니 눈물이 나오더군요. 이름이 알려지지 않은 작가가 이 작품에 불어 넣은 감정이 2,500여 년의 세월을 뛰어넘어 그곳을 찾은 사람에게 그대로 전해진다는 것이 놀라웠어요."

상상력으로 사라진 4두마차를 복원

이 작품은 올림픽 경기처럼 델포이에서 4년마다 열렸던 피티아 경주에서 4두 이륜마차 부문 우승을 차지한 기념으로, 시칠리아 겔라의 참주였던 폴리자로스가 봉헌했던 기념물이라고 한다.

현대인들이 골프 시합에서 탁월한 기록을 세우면 친한 사람들에게 무언가 선물을 하는 것이나 고대 그리스 시절 경기에서 우승한 기념으로 멋진 청동상을 기부한 것이나 같은 맥락이 아니겠는가. 2,500여 년 전의 고대인들도 우리 현대인들과 같이 경기에서 우승한 기쁨을 두고두고 오래도록 기억하고 싶은 열망이 있었던 모양이다.

그런데 이 청동상은 원래는 일렬로 서 있는 4마리 말이 끌던 마차와 마부가 함께 있는 조각상이었는데, 지금은 말과 마차는 사라지고 마부만 남아있다. 하지만 청동상의 마부와 그의 오른손에 들고 있었던 채찍을 밑그림으로, 사륜마차를 모는 모습을 완성해놓은 봉헌물의 조감도는 완벽한 실물 청동상보다 더 멋지다. 마부가 전시된 공간 한쪽 벽면에 상상력을 동원해 그린 스케치는 네 마리의 말과 마차 그리고 오늘날까지 오른손에 말고삐를 꼭 쥐고 지금이라도 출발선상에서 바로 뛰어나갈 준비를 하고 있는 듯한 마부가 완벽한 조화를 보여주고 있다. 창의력은 인간만이 가진 가장 뛰어난 재능이라는 걸 증명하듯 상상의 세계에서는 불가능이란 존재하지 않는다. 그래서 2,500여 년이라는 세월의 간극을 뛰어넘으며 그 당시로 돌아가 상상의 나래를 펼칠 수 있지 않았을까.

국립 고고학박물관의 미케네 문명실을 가득 채웠던 많은 금세공품이 이곳 전시실에도 풍족하게 전시돼 있었다. 델포이 박물관은 그리스에서 찾았던 많은 박물관 중 규모는 작았지만, 다른 박물관 못지않게 고대 그리스 세계의 걸작 예술품들과 훌륭한 금으로 만든 장식품이 많은 이유는 그 당시 델포이에 세계 최고의 신탁소로 명성이 높았던 아폴론 신전이 있었던 덕분이다. 여러 주변 국가에서 온 의뢰인들은 신탁을 받기 위해 최고의 기념물과 보물을 봉헌하며, 아폴론 신의 두상에 각종 금 장식물로 한껏 멋스럽게 치장해 놓았다. 더불어 쌍둥이 아르테미스 여신과 어머니 레토의 두상까지 나란히 전시해 놓고 번쩍이는 금 장신구들로 꾸며놓았다.

형제 쿠로스 상의 어머니도 효자 자랑만 할 것이 아니라 작은 봉헌물이라도 헤라 여신에게 먼저 바치고 넌지시 아들 자랑을 했더라면 좀 더 오랫동안 효자 아들들의 효성을 누리고 살지 않았을까 하는 쓸데없는 생각을 하며 전시실을 나왔다.

자유가 아니면 죽음을

● 격전지 테르모필레 입구에 서 있는 레오니다스 동상.

인상 깊었던 델포이 박물관과 유적지 방문 후 다음 방문지인 메테오라로 출발했다. 파르나소스산에 오르내리느라 피로했는지 잠깐 눈을 붙인 것 같은데 교수님의 말씀에 잠이 깼다. 원래 일정에는 없었지만, 중요한 전쟁사의 한 페이지를 장식했던 레오니다스 동상 부근을 지나니 잠깐 내려서 그 의미를 되새겨보자고 하신다.

차창 밖을 내다보니 언제 시작됐는지 부슬비가 내리고 있었다. 비도 오는데 우산을 챙겨 내리자니 귀찮다는 마음도 들었지만 그런 생각은 잠깐이었고, 나는 어느덧 기원전 480년으로 돌아가 죽기를 각오하고 페르시아 제국에 대항했던 스파르타인들을 생각했다. 오래전 영화 〈300〉이 인기리에 상영된 덕분에 이름을 정확하게는 못 외워도 동상의 주인공이 스파르타의 용감한 전사였다는 사실을 모르는 사람은 별로 없는 것 같았다.

페르시아 대군에 맞선 스파르타 용사들을 이끌다

아테네와 함께 고대 그리스 도시국가를 지켜낸 스파르타의 용사들을 이끈 레오니다스 왕은 관광객이 오가는 고속도로변에 홀로 외로이 우뚝 서 있었다. 왼손에는 방패를 그리고 오른손에는 칼을 움켜쥐고 있었다. 영웅의 동상 뒤로 300명의 스파르타 전사를 위한 기념비가 있었다. 지금은 이렇게 테르모필레 협곡으로 들어가는 도로가 뚫려있지만, 고대 그리스 시절 이곳은 가장 좁은 곳이 불과 15미터밖에 되지 않는 험준한 협곡으로, 북쪽의 테살리아 평원에서 아테네로 들어가는 곳에 자리한 천혜의 요새였다.

마라톤 전투에서 아테네군에게 치욕적인 패배를 당했던 대제국 페르시아는 10년 후, 다리우스 1세에 이어 그의 아들 크세르크세스가 다시 그리스를 침공했다. 그리스인들은 페르시아에 맞서 이번에도 똘똘 뭉쳐 연합군을 결성했다. 그리고 아테네로 들어가는 길목인 바로 이 테르모필레에서 페르시아군대를 막기로 한 것이다.

바다는 아테네가 맡기로 하고 육지에서는 스파르타가 자국의 최정예 전사 300명을 차출했다. 그 선봉에 레오니다스 왕이 섰다. 임진왜란이 일어났을 때 선조는 백성들을 버리고 혼자 살 길을 찾아 한양을 떠나 피란길에 올랐던 조선 시대 역사를 생각하면, 스파르타의 왕인 레오니다스는 목숨을 건 전투에서도 손수 모범을 보였으니 그 기개만으로도 역사에 길이 남는 위대한 인물일 것이다.

다비드의 그림에선 침착한 모습으로

　루브르 박물관 드농관의 프랑스 대작 회화실에 전시된 자크 루이 다비드의 〈테르모필레의 레오니다스〉 그림을 처음 봤을 때가 생각난다. 그리스 역사에 대한 지식이 별로 없을 때여서, 테르모필레라는 지명도, 레오니다스라는 인명도 낯설기만 했다. 단지 아마추어가 감상하기에도 그림의 구도는 완벽해 보였다. 캔버스 가운데에서 홀로 정면을 응시하는 사람이 레오니다스임에 분명했다. 머리에 쓴 투구와 오른손에 든 칼로 짐작컨대 전사임이 분명한데 그는 마치 명상에 잠긴 것처럼 차분한 모습이다. 그리고 주위에 있는 남자들도 칼을 들고 있으니 전투를 준비하고 있는 것 같은데, 죽을 각오로 비장하게 준비를 하는 게 아니라 마치 축제를 준비하는 것처럼 극적인 몸짓을 하고 있었다. 그림 속 전사들은 한결같이 트로이 왕국 최고의 미남 파리스 못지않게 전형적인 고전기 그리스 조각 같은 모습으로 그려져 있었다.
　테르모필레에서 있었던 참담한 전투를 모르는 사람이 처음으로 이 그림을 보고 스파르타 전사들을 그린 그림으로 보기는 어렵다. 아무리 역사적으로 고귀한 뜻이 깊은 전투라고 해도 비극적인 사건을 이렇게 낭만적으로 표현해도 되는지 의문을 가졌는데, 그리스어와 라틴어를 가르치다 은퇴 후 세계적인 신화 스토리텔러 작가가 된 미국인 이디스 해밀턴이 쓴《고대 그리스인의 생각과 힘》이라는 책에 나오는 다음 문장에서 화가의 의도를 긍정적으로 바라볼 수 있었다.

"스파르타인은 전쟁에 대해서 사무적인 시각이 아니라 감상적인 시각을 가지고 있었다. 스파르타인은 전쟁터에 대해서 깊은 경의를 느끼고 있었다."

루체른에 있는 〈빈사의 사자〉 조각상도 생각났다. 루이 16세가 고용했던 스위스 근위병들은 혁명군으로부터 왕과 그 가족들을 지키기 위해 796명 전원이 죽음을 맞을 때까지 튈르리 궁전을 떠나지 않았다. 스위스 근위대의 이런 충성심과 용맹성을 후손들에게 알리기 위해 죽어가는 사자상을 조각으로 남겨 놓은 것이다. 물론 자신들의 조국을 지키기 위해 목숨을 걸었던 스파르타의 전사들을 돈을 받고 싸우는 용병들과 비교할 수는 없겠지만, 자신의 목숨까지 버려가며 보호해야 할 대상을 지켰다는 것은 두고두고 기억해야 할 가치가 있지 않겠는가. 그리스인들이 레오니다스와 300인의 용사들을 기억하기 위해 동상으로 만들어 놓은

것이나, 스위스인들이 자주 찾는 루체른 시내 공원 안에 빈사의
사자상을 남겨 놓은 것은 모두 후손들에게 선조들의 영웅담을 영
원히 기억시키고자 동상을 만들어 두고두고 기념하는 것이리라.

폐쇄적인 마음이 스파르타의 발전을 막아

기념사진을 찍고 다시 버스에 올랐다. 다음 목적지에 도착할
때까지 외부의 적이 나타났을 때는 한마음으로 굳건하게 뭉쳤던
아테네와 스파르타는 반세기가 흐르기도 전에 왜 서로 반목하게
되었을까, 그리고 30년이라는 기나긴 세월에 걸쳐 펠로폰네소스
전쟁이라는 내전을 격렬하게 치렀을까 하는 의문이 꼬리에 꼬리
를 물고 일어났다. 페르시아라는 외부의 큰 적 앞에서는 바위에
달걀을 던지는 격으로 목숨까지 내놓고 똘똘 뭉쳤던 그리스인들
을 분열시켰던 내부의 가장 큰 적은 무엇이었을까.
　그리스 여행에서 빠지지 않고 들르는 곳은 아테네인데 반해
스파르타에는 남아 있는 유적이 별로 없어서 찾아가는 관광객에
게조차 보여줄 유물이나 유적이 거의 없다고 한다. 30여 년이 넘
게 같은 그리스어를 쓰는 폴리스끼리 싸웠던 펠로폰네스스 전쟁
의 최후 승리자는 스파르타였다. 그런 승자의 나라에 왜 유적다
운 유적이 하나도 남아 있지 않은지 참 궁금했는데 여기에 한 가

지 답이 될 만한 글을 찾았다.

데이비드 프라이가 지은 《장벽의 문명사》에는 이런 글이 있다.

"아테네는 폴리스 주변에 성벽을 쌓아 안전을 추구했고 그 안에서 철학을 꽃피우고 비극을 창작한 반면 스파르타는 성벽 쌓기를 거부했지만 무형의 담장에 빗장을 걸고 어떤 외부 문명도 그들의 경계 안에 들어오지 못하게 막았다."

외부로 보이는 담을 쌓는 것보다 보이지 않는 마음속에서 담을 쌓고 있었던 것이 오히려 더 큰 장벽이 되었다는 이 말은 현대인에게도 시사하는 바가 크다고 하겠다. 바로 그런 결과로 아테네에는 2,500여 년이 지난 지금도 폐허에 가까운 유적들을 보기 위해 세계 각국에서 수많은 관광객이 여전히 몰려들고 있지만, 스파르타에는 관광객들을 불러들일 만한 폐허조차 제대로 남아 있지 않다. 그래도 테르모필레 전투 덕분에 스파르타인들의 용맹함과 강인함을 후대에까지 남기는 영광을 안게 된 것은 가장 큰 업적이라 할 수 있겠다.

경이로운 기암절벽 위 수도원

- 남아 있는 수도원 중 가장 아름답다는 발람 수도원.

델포이에서 거친 산길을 따라 그리스 중부 트리칼라주의 소읍 칼람바카 지방의 메테오라에 도착하니 늦은 밤이었다. 그동안 지중해성 기후를 만끽하며 2월인데도 추운 줄 모르고 다녔는데, 메테오라에 도착하니 싸늘한 밤기운에 옷깃을 다시 한번 여미었다. 버스에서 내려 식당에 갈 때 또 호텔로 이동할 때도 칠흑 같은 어둠에 눈앞에 보이는 것은 그냥 커다란 바위 정도로만 생각됐다.

그리스에서 가장 추운 밤을 보내고 아침 일찍 일어나 커튼을 젖히니 비현실적인 세계가 펼쳐졌다. 하늘을 향해 우뚝 솟아 있는 평균 높이 300~550미터에 달하는 거대한 바위산 꼭대기에 수도원이 자리하고 있었다. 바로 눈앞에서 어마어마한 크기의 기암괴석들을 바라보는 것만도 놀라운데, 까마득히 높은 바위 위에 지어 놓은 수도원까지 마주하고 보니 놀라움에 입을 다물 수가 없을 정도였다.

새삼 자연의 위대함과 인간이 지어 놓은 건축물의 신비한 조화에 절로 경탄이 나왔다. 처음에는 바위 크기에 압도당하지만, 다시 눈을 돌려 자세히 보면 기기묘묘한 형상에 감탄사가 절로 나온다. 자연은 가장 위대한 예술가다. 그리고 바위와 혼연일체가 된 수도원 건물을 지은 수도사들도 자연의 뒤를 이어 예술가의 경지에 이른 사람들이다.

신에게 가까이 가기 위해 짓다

메테오라란 그리스어로 '공중에 떠 있는'이라는 뜻으로 수도원의 고유명사가 아니라, 하늘을 향해 우뚝 솟아 있는 바위산 정상에 있는 그리스 정교회 수도원 공동체를 이르는 말이다. 고대 메소포타미아 문명의 공중정원은 자취도 없이 흔적을 감췄지만, 메테오라 수도원은 아직도 건재하다.

까마득한 옛날 바다 밑바닥이 솟구쳤다. 그리고 그 솟구친 땅은 비바람과 햇빛, 냉기와 폭염에 깎이고 닳아져 천태만상의 신비한 모양새를 갖춘 기암절벽이 됐다고 한다. 지금처럼 수도원으로 오르는 길이 만들어지기 전에는 밧줄과 도르래를 이용해야만 올라갈 수 있었다는데, 신앙심 깊은 수사들은 온갖 위험을 무릅쓰고 기암절벽 꼭대기에 수도원을 지었다.

비잔틴 제국이 쇠퇴하고 오스만 터키 세력이 점차 부상하던 무렵인 1367년에 처음으로 이 기암절벽 위에 수도원을 짓기 시작했다고 한다. 한때 스물세 개의 수도원이 세워졌으나, 불안정한 지반 때문에 18세기 말에 대부분 무너져 내리고 지금은 여섯 개의 수도원만 남아 있다고 한다. 깎아지른 듯한 낭떠러지 위에 수도원을 지었다는 사실 하나만으로도 그들의 신앙심이 얼마나 깊었을지 짐작할 수 있다.

신에게 조금이라도 더 가까이 다가가기 위한 수도사들의 지극정성이 눈물겹다. '공중 수도원'에서 살아간다는 것은 그야말로 속세와의 단절을 의미하는 것이다. 그 당시는 지금처럼 계단도 없었으니 속세와의 소통은 오직 도르래로만 가능했다. 따라서 한 번 수도원에 들어오면 평생을 이곳에서 보내는 것이 다반사이지 않았을까. 세상 소식은 오직 도르래로 전달되는 생활필수품을 통해서만 가능했을 것 같다.

인간의 신앙심은 이성으로만 판단하기 어려울 때가 많다. 특히 위기가 닥쳤을 때 절대자에 대한 굳건한 믿음은 위기 극복의 단초가 되기도 했다. 고려가 몽고군의 침입으로 절체절명의 위기에 처했을 때 팔만대장경을 만든 것도 그러한 예라 할 수 있다. 당당하게 유네스코 세계문화유산에도 등재된 우리의 자랑스러운 문화재다. 메테오라도 이곳의 기묘한 자연환경과 경이로운 종교 건축물의 가치를 인정받아 1988년 세계문화유산으로 지정됐다.

수도원 입구까지 자동차로 접근

델포이처럼 등산로를 따라 걸어가야 하는 곳으로 짐작하고 내심 걱정하고 있었는데, 지금은 수도원 입구까지 도로가 나 있어 차로 갈 수 있다는 말에 안심했다. 수녀원 한 곳을 제외하고 남아 있는 5개 수도원 중 가장 아름다운 곳으로 손꼽히는 발람 수도원을 방문했다. 밑에서 올려다볼 땐 무척 가파르고 험준할 걸로 생각했는데, 수도원 입구는 예상 밖으로 평평하고 넓은 바위 위에 자리하고 있었다.

오르락내리락 지그재그로 난 많은 계단을 올라 발람 수도원 내부로 들어오니 넓은 안뜰이 나왔다. 15세기에 건축됐다고 하니 500여 년이 지난 건물인데도 지반만 굳건하다면 흘러간 세월만큼은 끄떡없이 버틸 수 있을 것 같았다. 바위 끝 한 모퉁이에 작은 정자가 있었다. 동유럽 여행 안내서에서 흔히 볼 수 있는 벽돌색 지붕 위에 십자가가 달려 있다. 정자 안으로 들어가 사방을 둘러보면 확 트인 시야에 근처에 있는 바위들이 한눈에 들어온다. 자세히 살펴보면 사람의 생김새처럼 돌덩이도 모두 제각각이다.

이곳에 서 보니 은둔자의 삶에서 신앙의 신비 이외에 또 다른 기쁨도 있을 것 같아 그것이 무엇일지 내 나름으로 추측해보았다. 그것은 아마도 사시사철 변하는 자연의 장엄한 변화를 눈으로 보고 또 가까이에서 느끼며 자연의 오묘한 변화를 주관하시는 신의 존재를 확신하며 생활하는 것이 아닐까. 사계절의 확연히 다른 모습을 가장 하늘 가까운 곳에서 만끽할 수 있으니 수도사들은 행복할 것 같다는 생각도 해보았다.

돌로 지은 아기자기한 건물이 몇 개 더 있었다. 예배당으로 이어지는 계단을 올라 이곳에서 가장 신성한 공간 안으로 들어갔다. 벽 곳곳에 그리스 정교회 성화가 자리하고 있었다. 프레스코 화는 전체적으로 황금색이 도드라져 보여 성스럽다는 느낌과 함께 화려한 색채가 눈길을 끌었다. 이런 그림을 이콘이라고 했던가. 내가 아는 파리의 한 언니는 그림 공부를 시작하면서 이콘화만 그린다고 했다. 그녀를 위해 사진을 찍고 싶었지만 성소에서는 촬영 금지라고 해서 좀 아쉬웠다.

그리스 정교회 수도원은 몇 번 TV에서 본 적이 있기에 사실 개인적으로 수도원보다는 이곳에 남아 있는 유일한 수녀원이 더 가보고 싶었는데 요원한 꿈인 듯했다. 수녀원은 〈사운드 오브 뮤직〉 영화에서 본 게 유일해서 상상 속 모습과 현실의 모습이 어떻게 다른지 비교해보고 싶기도 했고 또 수도사의 삶과 수녀들의 생활이 어떻게 다른지 눈으로 직접 확인해보고 싶어 잠깐 해본 생각이다.

한국에서는 '템플 스테이'라는 프로그램이 있어 일반인도 잠깐 속세를 떠나 절에서 하루를 보낼 수 있다. 만약 메테오라 수도원에서 일일 체험 프로그램을 만든다면 전 세계에서 예약이 쇄도

하지 않을까. 가능하다면 나도 가을 어느 날, 날씨가 화창하게 맑게 갠 하늘 아래 산속에서 하루를 보내고 다음 날 일출과 함께 붉은 단풍으로 물든 굽이굽이 기묘한 봉우리를 바라보고 싶다. 기분이 어떨까, 상상만으로도 멋지다.

수도원을 방문하기 전에는 이곳에서 삶의 터전을 마련한 수도사는 무슨 낙으로 살았을까 하는 의문이 있었다. 하지만 이곳의 수도사들은 오히려 세상의 온갖 소음과 갈등을 안고 살아가는 우리처럼 평범한 속세의 이런 인간들을 측은한 눈길로 바라보는 것은 아닐까. 세상을 살아가는 데는 정말 다양한 방법이 있다. 그리고 신에게 가까이 다가가는 길도 궁극적인 목적은 같을지 몰라도 그 과정은 정말 다양해 보인다. 그리스 정교회 수도원을 보면서 느꼈던 감정은 두고두고 생각이 난다.

알렉산드로스의 추억

- 알렉산드로스 동상 뒤로 에게해가 보인다.

그리스 제2의 도시이자 중부 마케도니아 주도인 테살로니키는 일정상 다음 날 아침 일찍 크레타로 가는 비행기를 타기 위해 들렀던 곳이지만, 이 항구 도시는 알렉산드로스와의 추억만으로도 충분히 방문할 가치가 있는 곳이었다.

끝없는 수평선 너머 영롱한 윤슬

알렉산드로스 타계 후 마케도니아 왕위에 오른 카산드로스는 기원전 316년 이곳에 도시를 건설하고 대왕의 누이인 왕비의 이름을 따서 테살로니키라고 지었다. 이상하게 들릴지도 모르지만, 2,300여 년의 유구한 역사를 지닌 도시의 면모에서 그리스 여행 길에 방문했던 도시 중 가장 모던한 느낌을 받았다. 반나절 동안 우리가 방문했던 곳은 항구 주변 해안가와 시내 중심가 아리스토텔레스 광장이 전부였지만 도심은 1917년 일어난 대화재로 대부분이 파괴된 후 새로 건설된 곳이라서 더욱 그런 현대적인 분위기가 느껴졌다.

게다가 중세의 어두운 모습을 그대로 간직하고 있는 메테오라 다음으로 찾아간 곳이라 그런 인상이 더욱 강했다. 아침에는 그리스 정교회 수도사복을 입은 성직자들을 만나고, 점심때는 테살로니키에서도 가장 번화한 시내 중심가에 있는 레스토랑에서 말끔한 정장을 차려입은 현대인들을 만나니 마치 고대에서 현대로 시간 여행을 온 듯했다. 레스토랑에 들어섰던 순간 마치 타임머신을 타고 공간 이동을 한 듯한 착각에 빠져들며, 오전에 방문했던 중세 수도원은 까마득히 잊어버렸다.

점심 식사 후 오랜만에 자유시간을 가질 수 있었다. 제한된 시간에 하나라도 더 보여주기 위해 짜인 빡빡한 스케줄 속에서 에게해의 진주로 불리는 테살로니키 해변에서 한때나마 여유로운 시간을 보낼 수 있었던 것은 행운이었다. 끝없는 수평선 너머 바다 위로 윤슬이 영롱하게 반짝이고 있었다. 푸른 에게해는 멀리서 온 우리 일행을 모두 품어줄 수 있다는 듯 넉넉한 미소를 보내고 있어 바다를 바라보는 것만으로도 큰 위안이 됐다.

해외여행을 하다 보면 의외로 처음 와본 도시가 낯설지 않을 때가 있다. 에게해의 진주라고 불리는 테살로니키가 바로 데자뷔처럼 의외의 익숙한 풍경을 연출하고 있었다. 어떤 여행객은 남프랑스의 마르세유를 여행하면서 부산을 떠올렸다고 하는데, 내 경우는 전혀 그렇지 않았다. 이곳이야말로 유럽에서 부산을 가장 빼닮은 항구 도시라는 생각이 들었다.

1978년 국제기능올림픽이 부산에서 열렸을 때, 나는 프랑스어 통역 자격으로 부산에 내려갔다. 대회 시작 전 환영 파티가 열렸던 학교 잔디밭 너머로 저 멀리 해운대 바닷가의 영롱하게 반짝이는 잔물결이 인상적이었다. 오랜 세월이 지나도 내 맘속 깊은 곳에 남아 있었던 이 잔상이 바로 테살로니키 해변에서 바라본 풍경과 오버랩되면서 오래전 옛 추억이 떠올랐다.

그때 '사진 촬영'을 알리는 큰 목소리가 내 마음의 고요를 깨트렸다. 잘 떠오르지 않는 추억을 회상하려면 사진만큼 좋은 자료는 없으니, 단체 사진 촬영에도 빠질 수가 없다. 평화로운 테살로니키 해변에서 가장 눈에 띄는 조형물인 알렉산드로스 대왕 기마상 앞으로 모두 모였다. 차렷 자세로 찍는 단체 사진만큼 영혼이 없어 보이는 것이 또 있을까. 자연스러운 포즈를 고민하다 각자 가장 높이 뛰는 자세로 단체 사진을 찍기로 했다. "새 신을 신고 뛰어보자 팔짝 머리가 하늘까지 닿겠네." 어릴 때 많이 불렀던 동요를 생각하며 나도 제자리에서 죽을힘을 다해 최대한 높이 뛰었다. 하지만 사진에는 이런 모습이 전혀 나오지 않아 아쉬웠다.

어디선가 들려오는 기타 소리에 누가 먼저랄 것도 없이 음악이 나오는 방향으로 자연스럽게 발걸음을 옮겼다. 연주를 시작한

지 얼마 되지 않았는지, 우리가 몰려갈 때까지 해변의 악사는 높은 의자 위에 외로이 앉아서 기타를 연주하고 있었다. 파리의 지하철 역사에서 만났던 악사들은 오래된 건물 지하에서 나는 퀴퀴한 악취를 견디며, 바쁘게 오가는 많은 사람의 마음을 한순간이라도 사로잡기 위해 애처롭게 연주했던 것 같은데, 탁 트인 바닷가 해변에서 홀로 유유자적 기타를 퉁기고 있는 이방인은 청중이 없어도 우울해 보이지는 않았다. 아마도 저 멀리 수평선 너머 오가는 배를 바라보며 언젠가는 자신도 처음 왔던 곳으로 다시 돌아갈 수 있겠지 하는 희망을 품고 있기 때문이 아니었을까. 어느 순간 자연스럽게 모두 악사 주위에 모여서 그가 부르는 노래에 같이 박자를 맞추고 있었다.

　시간 가는 줄 모르고 즐기다 보니, 어느덧 서산의 해도 뉘엿뉘엿 기울기 시작하는데 서양이 발그스름하게 얼굴을 붉히는 모습이 마치 손녀의 예쁜 볼 같았다. 테살로니키 해안가에서 알렉산드로스 대왕 기마상이 없었다면 '에게해의 진주'라는 이런 찬사는 나올 수 없을 것 같다. 에게해를 바라보며 홀로 바닷가에 서 있지만 긴 창과 방패 같은 훌륭한 무구가 옆에서 지켜주고 있었기에 영웅은 외롭지 않아 보였다.

　떠나기 전 알렉산드로스 동상을 다시 한번 바라보았다. 평화로운 풍경을 연출하는 해변에 홀로 우뚝 서 있는 대왕의 조각상은 기분 좋은 나른함과 알 수 없는 향수를 불러일으켰다. 지금이라도 전쟁터로 달려갈 듯 힘차게 앞발을 치켜든 말 등에 올라탄 대왕은 자신이 태어난 고대 마케도니아의 수도 펠라를 바라보고 있는 것 같았다.

알렉산드로스가 13살 때 아버지 필립포스 2세는 당시의 대학자인 아리스토텔레스를 펠라의 궁전으로 초대해 아들의 교육을 맡겼다. 3년 동안 대학자에게 윤리학, 철학, 문학, 정치학, 자연과학, 의학 등 모든 학문을 배웠던 대왕은 부왕의 급작스러운 죽음 이후 약관 20세라는 젊은 나이에 마케도니아 왕국을 물려받아 13년 동안 재위했다. 그 기간 중 10년은 영토 확장을 위한 원정길에 나섰다. 힘든 원정길에서도 스승의 영향으로 호메로스의 《일리아스》는 꼭 지니고 다니며 틈틈이 읽었다고 한다. 이국적인 아름다운 이름의 주인공인 테살로니키가 알렉산드로스 대왕의 누이였고, 대왕의 스승이었던 아리스토텔레스가 태어난 곳이 이곳에서 멀지 않다는 사실만으로도 이 도시는 역사 속 영웅과 영원히 동고동락하고 있는 셈이다.

'피로 물든 탑'이 '화이트 타워'로

길 건너 해변 맞은편에 높이 우뚝 솟아 있는 흰색의 둥근 탑이 눈에 들어왔다. 탑에서 반사되는 하얀빛이 알렉산드로스 대왕의 기마상과 멋진 조화를 이루고 있었다. 높은 탑 꼭대기에는 그리스 국기가 나부끼고 있었다. 어디선가 본 듯한 모습에 기억을 더듬어보니, 바로 며칠 전 나프팍토스 항구에서 봤던 베네치안 성벽과 무척 닮았다.

15세기 한때 베네치아가 이곳을 지배하면서 건설했던 망루는 오스만제국 점령기에는 감옥으로 사용됐다고 한다. 당시 이곳에서 대량 학살이 벌어져 '피로 물든 탑'이라 불리기도 했지만 그리스 영토로 회복된 뒤 역사의 상처와 전쟁의 그을음을 말끔히 닦아내고 표면을 하얗게 칠해 '화이트 타워'로 새롭게 태어났다. 현재는 비잔틴 시대의 유물들을 전시하는 박물관으로 사용되고 있다. 프랑스 혁명의 시발점이 됐던 바스티유 감옥 자리에 오페라 극장이 세워진 것처럼 피눈물로 얼룩졌던 역사는 치유의 과정을 거쳐야만 새로운 출발을 할 수 있다는 진리를 이곳에서도 다시 확인한 셈이다.

왠지 모를 아쉬움을 뒤로 하고 버스에 올랐다. 대왕의 스승이었던 아리스토텔레스 이름을 붙인 광장에는 많은 인파만큼이나 무수한 비둘기들이 유유자적 먹이를 찾고 있었다. 처음 와본 이국적인 이름의 도시가 낯설지만은 않았던 것은 《그리스인 조르바》에서 주인공이 대장에게 자신의 지나간 이야기를 하며 형이 테살로니키에서 채소 가게를 하고 있다고 한 대목이 떠올랐기 때문이기도 하다.

아기자기한 보물 창고

- 방금 파리에서 도착한 듯 화사하고 세련된 외모의 세 여성을 '파리지엔'으로 이름 붙인
  프레스코화. 오른쪽 여성 옷 부분의 일부 벽화 조각으로 복원한 그림.

크레타로 가는 날 아침에는 유난히 일찍 잠이 깼다. 그리스 국내선 첫 비행기 출발 시각이 이른 아침이라 새벽부터 서둘러야 했지만, 아테네 도착 후 계속 버스로 이동하다 비행기를 탄다고 하니 마치 바다 건너 또 다른 해외여행을 떠나는 것 같은 기대감도 한몫했기 때문이다. 제우스 신이 어린 시절 아버지 크로노스의 눈을 피해 숨어 살았다는 이데 동굴이 있고 또 그리스판 낙랑공주와 호동왕자라 할 수 있는 미노스 왕국의 공주 아리아드네와 아테네의 왕자 테세우스 이야기가 펼쳐졌던 그리스신화 속 장소가 바로 크레타섬이었기에 쉽게 잠들 수가 없었다.

새벽녘 공항으로 가는 버스 안에서 바라본 테살로니키 해변은 아직 어둠에서 깨어나지 않았다. 전날 활기 넘쳤던 풍경은 자취를 감추고 사람 그림자도 보이지 않는 텅 빈 해변은 철 지난 바닷가처럼 쓸쓸해 보였다. '에게해의 진주'라는 이 아름다운 해안 도시의 매력을 알아보기도 전에 서둘러 떠나는 아쉬움은 신화의 땅을 직접 보게 된다는 기대감으로 떨쳐버릴 수 있었다.

크레타에 도착하니 추적추적 겨울비가 내리고 있었다. 미리 일기예보를 확인하고 우산까지 챙겼지만, 막상 도착하자마자 비를 맞닥뜨리니 과연 크레타에서의 일정을 무사히 끝낼 수 있을까 걱정이 앞서기도 했다. 금강산도 식후경이라고 우선 아침 식사부터 하고 움직이기로 했다. 그날의 일정상 점심을 건너뛰고 저녁을 좀 일찍 먹는 스케줄이라 든든하게 아침을 챙겨 먹고 첫 번째 목적지인 이라클리온 박물관으로 향했다.

1,000여 개의 방이 있던 크노소스 궁전의 미로

박물관은 크레타섬 주도州都인 이라클리온 시내 중심가에 있었다. 버스에서 내리면서 바라본 전시장 건물은 높은 기둥을 사이에 두고 양쪽으로 가로로 긴 형태의 네모반듯한 무척 현대적인 건축물이었다. 아테네 고고학박물관이 전시품과 잘 어울리는 클래식한 양식으로 건축된 것과 달리 이라클리온 고고학박물관 외관은 간결함 그 자체였다. 하지만 이 박물관의 진수는 내부에 있었다. 7년간에 걸쳐 완전히 새로 단장한 20여 개의 전시실을 가득 채운 수많은 소장품과 더불어 자연채광을 최대한 활용한 은은한 조명에서도 관람객을 배려한 세심함을 느낄 수 있었다. 무엇보다 마음 편하게 전시장을 둘러볼 수 있었던 것은 관광객의 수요가 많지 않은 2월에 그리스 여행을 했던 덕분이었다.

전시실 입구에 미노아 문명에 관한 개요가 적혀 있었다. 기원전 3000년까지 거슬러 올라가, 기원전 1100년까지 번성했던 것으로 알려진 이 문명의 이름은 크레타섬을 지배했던 전설적인 통치자 미노스 왕의 이름에서 나왔다. 에게해 남쪽 지중해 중앙에 동서로 길게 누운 섬은 제주도의 4.5배나 되는 무척 큰 섬이다. 소아시아와 아프리카 그리고 유럽을 연결하는 지리적 이점으로 오리엔트 문명과 이집트 문명을 그리스에 전달하는 교량 역할을 할 수 있었다.

이 섬에 존재했던 여러 궁전 중 바로 미궁으로 유명한 라비린토스가 있었던 크노소스 궁전이 그 중심 역할을 했다고 전해진다. 첫 번째 전시장에 나무로 만든 궁전 미니어처가 있었다. 그 안에 1,000여 개의 방이 있었다고 하는데 제일 높은 건물은 5층 높이까지 올라갔다. 정교하게 만들어 놓은 모형 앞에서 유심히 바라보는 것만으로도 잠깐 현기증이 났다. 전시장 안에서 길을 잃을 것 같아 긴장하면서 안내판을 열심히 읽어 보았다.

프레스코화, 여신상 등 볼거리 가득

많은 유물 중에서 첫 번째로 인상적인 것은 프레스코화였다. 프레스코는 벽에 회반죽을 칠하고 마르기 전 그림을 그리고 채색하는 고난도의 미술 기법을 말하는 것으로 그림 중 가장 오래 보존할 수 있는 기법이라고 한다. 원상태로 온전하게 남아 있는 벽화는 없었지만, 발굴 현장에서 나온 일부 조각을 기초로 최대한 원상 복구해 놓았다. 진품 조각은 나머지 부분보다 색이 진한데 자세히 들여다보아야 알 수 있을 정도로 완벽하게 고대 기법으로 재현해 놓았다.

처음에는 프레스코화로 남긴 벽을 전부 들어내서 전시해 놓은 것으로 착각할 정도로 자연스럽게 복원해 놓았다. 특히 그림 속 '백합 왕자'는 상의는 벗은 채 최소한의 의상만 걸쳤는데, 백합과 공작새 깃털로 화

• 크노소스에서 발굴된 대벽화의 여러 그림 조각들을 재구성해 완성한 '백합 왕자'. 그림의 진품 여부를 떠나 왕자의 극적인 자세는 무척 인상적이다.

● 에번스가 크레타의 여신으로 인정한 양손에 뱀을 든 여신상.
　　유난히 돋보이는 가슴은 다산을 기원하는 의미라고 한다.

려하게 장식한 왕관을 쓰고 한껏 멋을 낸 모습에 모든 시선이 머리 위 왕관으로 쏠렸다. 젊은 왕자는 실질적으로 크레타 왕국을 지배했던 지배자인 동시에 제사장 역할까지 했던 것으로 알려지고 있다.

두 번째로 잊을 수 없는 전시품은 한 손으로 움켜잡을 수 있을 정도로 자그마한 크레타의 여신상이다. 잘록한 허리에 풍만한 가슴을 드러내놓고 양손에는 뱀을 움켜쥐고 있는 작은 청동 조각은 특히 가슴 부분만 하얗게 색이 변해서 더욱 도드라져 보이는데 다산을 기원하는 의미라고 한다. 여신이 입은 치마의 정교한 디테일에서 탁월한 조각술을 보여주고 있었다. 또 다른 크레타 여인의 벽화는 마치 파리에서 방금 온 것 같은 세련미와 우아함을 보여주고 있었다. 화사한 색채와 생동감 넘치는 여인들의 표정에서 현대적인 이미지가 물씬 풍겨 뛰어난 미노아 문명의 현대적 감각에 놀라움은 커져만 갔다.

감탄이 절로 나오는 고대인들의 금세공 솜씨

크레타 박물관에서는 유물들의 전시 방법도 독특했다. 주제별로 먼저 선정한 후 시대별로 나열해 놓아서 비슷한 종류의 헤아릴 수 없을 만큼 많은 발굴품을 한자리에서 비교해 볼 수 있는 재미가 있었다. 전시실마다 사이즈가 작은 앙증맞은 것들은 유리 장식장 안에 가지런히 정리해 놓았고, 큰 것들은 오픈된 공간에 관람하기 쉽게 전시해 놓았다. 추상적인 문양을 새긴 다양한 형태와 크기의 도기들, 정확한 의미는 알 수 없지만 무

● 크레타의 뛰어난 금세공술을 잘 보여주는 꿀벌 형상의 펜던트.

언가 깊은 종교적인 의식을 나타내는 기하학적인 문양을 조각해 놓은 상아로 만든 인장들.

무엇보다 우리들의 눈을 즐겁게 해주었던 것은 세련된 디자인으로 정교하게 세공된 금은 장식품들이었는데, 그중 백미는 꿀벌을 형상화한 펜던트였다. 기껏해야 새끼손가락 정도밖에 안 되는 크기의 금으로 만든 벌의 형상이라니. 그런데 이런 것들이 모두 기원전 1800년에서 1600년경 크레타섬에 살았던 고대인들이 만들었다고 하니 예술적인 미적 감각과 손재주는 과학의 발달과 상관없이 타고났던 것으로 짐작만 할 뿐이었다.

유럽 문명의 기원이 한자리에

20여 개의 전시실을 둘러보면서, 엄청난 컬렉션의 방대한 규모에 감탄사가 절로 나왔다. 흔히 세계 3대 박물관으로 불리는 루브르나 대영박물관 또 메트로폴리탄 박물관에는 자국의 문화재보다는 다른 나라에서 가져온 유물이 주요 전시관을 채우고 있는 것과 달리 이곳 박물관의 소장품은 모두 크레타 지역에서 발굴된 유물이라는 점에 큰 의의가 있다고 하겠다. 더구나 유럽 문명의 기원이 되는 미노아 문명의 진수를 한자리에 모아놓은 박물관이니 그 중요성은 다시 말할 필요가 없을 것 같다.

관람을 마치고 나오면서 다시 바라본 박물관 건물은 첫인상과는 다른 느낌으로 다가왔다. 겉모습만으로 사람을 판단하면 큰 낭패를 보듯이 이라클리온 고고학박물관도 심플한 외관과 달리 유구한 역사를 자랑하고 있었다. 1883년 아주 단출한 골동품 컬렉션을 시작으로 20세기 중반 세 번의 지진으로 거의 붕괴됐던 것을 그 당시 박물관장이 지방정부와 중앙정부를 설득해 내진 설계로 재건축한 건물이라고 한다.

1964년 새 윙을 추가한 데 이어, 2006년부터 시작된 리뉴얼 공사를 끝내고 2013년 재개관한 전시장이 바로 지금의 모습이다. 그리스 여행 중 각 도시의 박물관을 찾았다. 헤아려보면 아테네의 뉴아크로폴리스 박물관은 비교적 근래에 건축한 전시장으로 건물 자체도 훌륭했고 또 아테네 폴리스를 대표하는 최고의 컬렉션으로 그리스 최고의 박물관으로 명성이 드높지만, 개인적으로는 크레타에 있는 이라클리온 고고학박물관이 가장 흥미로웠다. 무엇보다 다음 전시실로 이동할 때마다, 마치 내용물을 모르고 받은 선물꾸러미를 하나씩 열어 보는 것 같은 설렘이 있어 좋았다. 그 느낌은 어린 시절 가장 좋아했던 다락방 놀이와 비슷했다.

어린 시절 엄마가 외출하고 혼자 집에 남았을 때 즐겨 찾았던 곳이 다락방이었다. 그때 살았던 한옥엔 부엌과 안방을 직접 연결해주는 작은 문이 있었다. 그 위로 작은 벽장이 있었는데, 자주 쓰지는 않지만 쉽게 버릴 수도 없는 잡동사니들을 모아 두었던 창고 같은 장소다. 누구의 방해도 받지 않고 오롯이 혼자만의 시간을 즐길 수 있었던 유일한 공간이어서 더 애착이 갔는지도 모르겠다. 이사할 때마다 바리바리 싸 들고 다녔던 잡동사니 물건들은 왜 그리 많았는지.

그중 지금도 기억나는 물건은 한자가 빼곡하게 쓰여 있던 고서였다. 오래된 책에서 나는 퀴퀴한 냄새가 싫지만은 않은데, 훗날 언니에게 물어보니 우리 집 족보였다고 한다. 지금은 어디로 갔는지 찾을 길이 없지만 크레타 고고학박물관에서 그 옛날 추억을 떠올리니 감회가 새로웠다. 그러고 보면 사람의 기억은 시간과 공간의 제약을 전혀 받지 않는 것 같다. 아무런 연관이 없을 것 같은 그리스의 섬 크레타에서 어린 시절의 까마득한 단상을 떠올리니 말이다.

조르바처럼 자유롭게

● 세찬 비바람에도 묵묵히 카잔자키스 묘를 지키고 있는 나무십자가.

"아무것도 바라지 않는다.

아무것도 두렵지 않다.

나는 자유다."

그리스가 자랑하는 작가 그리스인 하면 가장 먼저 떠오르는 《조르바》의 작가 니코스 카잔차키스의 이 유명한 묘비명을 보기 위해, 이라클리온 전 시가지가 한눈에 들어오는 베네치안 성벽 보루 위로 올라갔다. 성벽 이름은 크레타가 한때 베네치아 공국 지배하에 있었다는 것을 말해주고 있었다. 늘 크레타의 흙 한 줌을 지니고 다니면서 그것을 꽉 움켜쥐며 새로운 힘을 얻곤 했다는 작가의 고백에서 고향 크레타에 대한 그의 끈끈한 사랑을 느낄 수 있었다. 파리 공동묘지 유명인의 묘 앞에서 흔히 볼 수 있는 화려한 조각이나 대리석 관 대신, 소박한 나무 십자가와 자신이 생전에 미리 써놓은 묘비명이 새겨진 비석이 위대한 작가가 이곳에 묻혀 있다는 것을 알려주는 유일한 표지였다. 그래도 그는 자신의 고향 크레타에서 마지막 생을 함께 했던 두 번째 아내 엘레니와 함께할 수 있어서 행복할 것 같았다.

누구나 살아가면서 이런 경험이 한 번씩은 있을 것이다. 우리 삶에서 시간이 지날수록 점점 희미해지는 기억이 있는 반면 또 아주 오래된 일이지만 세월이 흐르면서 문득 또렷하게 떠오르는 어떤 추억 얘기다. 감명 깊게 읽었던 한 권의 책이나 영화가 두고 두고 생각나는 것은 물리적인 시간과는 큰 상관이 없다. 내가 '그리스인 조르바'를 처음 만났던 것은 안소니 퀸이 타이틀 롤을 맡았던 영화 〈그리스인 조르바〉에서였다. 너무 오래전에 본 영화라 기억이 또렷하진 않지만 마지막 장면은 지금도 생생하다.

영원히 잊지 못할 바닷가 춤

조르바가 바닷가 모래사장에서 두 팔을 벌리고 맨발로 춤추는 장면은 아마 이 영화에서 가장 멋진 장면일 것이다. 모든 걱정 근심은 다 잊어버리고 이 순간만은 세상에서 가장 행복하다는 듯 춤에 집중하는 조르바를 보고 광산 개발에 실패하고 절망한 보스인 '나'도 덩달아 그의 춤을 따라 하고 어느덧 두 남자는 이 세상에 오로지 두 사람만이 존재하는 듯 흥에 겨워 춤을 춘다.

이 불멸의 장면을 잊을 수 없게 만든 가장 큰 공신은 단연코 배경음악을 작곡한 그리스 음악가 미키스 테오도라키스다. 그리스 메조소프라노 아그네스 발차가 불렀던 〈기차는 8시에 떠나네〉라는 애절한 곡조의 노래가 아마 우리나라에 가장 널리 알려진 그리스 음악이 아닐까 싶다. 역시 테오도라키스가 작곡한 이 연가는 나치에 저항했던 그리스의 한 젊은 레지스탕스 애인이 돌아오기만을 기다리는 여심을 노래한 곡이라고 하는데, 그리스 민속악기인 부주키가 빚어내는 애잔하면서도 동양적인 선율이 마음에 특별하게 와닿아 더욱 듣는 사람의 감성을 자극하는 것 같다.

조르바 춤곡의 배경음악도 역시 부주키로 연주한다. 처음에는 아주 느리고 단순한 리듬으로 시작하다 갈수록 빨라지며, 끝부분에는 저절로 어깨가 들썩일 정도인 부주키 소리는 마법의 악기처럼 중독성이 있다. 만돌린처럼 현을 손가락으로 튕겨 소리를 내는 부주키의 리듬에 맞춰 양팔을 벌리고 두 발을 움직이며 추는 시르타키 춤은 언뜻 보면 누구나 쉽게 따라 할 수 있을 것처럼 단순해 보인다. 하지만 결코 누구도 자유 영혼을 가진 조르바처럼 이 춤을 멋지게 소화하는 사람은 없을 것 같다.

내가 이 소설을 읽게 된 계기도 바로 영화 속 주인공이 춤추는 모습을 보며 조르바의 캐릭터에 매료되고 나서다. 일반적으로 춤추는 모습이 아름답다는 표현은 주로 우아한 몸짓을 보여주는 발레리나의 동작을 통해서였지만, 조르바가 추는 시르타키 춤은 남성들만이 표현할 수 있는 단순하지만 아무나 흉내 내기 힘든 동작으로 관객들을 사로잡았다.

이해하기 쉽지 않은 소설

이런 완성도 높은 영화를 만들 수 있었던 원작의 힘이 무엇일까 무척 궁금했다. 일반적으로 문학작품을 바탕으로 각색한 영화는 두 가지 부류로 구분할 수 있을 것 같다. 첫 번째는 너무나 뛰어난 원작 때문에 영화가 크게 빛을 발하지 못한 경우, 또 다른 사례는 영화가 무척 완성도 높은 작품으로 만들어져 후발주자인 영화 덕분에 원래의 문학작품이 다시 조명을 받게 되는 경우다. 그러니 내가 《그리스인 조르바》 책을 읽은 것은 후자에 해당하는 셈이다.

고 이윤기 선생이 번역한 《그리스인 조르바》는 영역본을 우리말로 옮기는 이중 번역 작업을 거쳐 완성된 책이다. 카잔자키스가 1946년 발표한 이 장편소설의 원제는 〈알렉시스 조르바의 삶과 모험〉이다. 제목처럼 책의 주된 내용은 작가가 한때 고향 크레타에 머물며 갈탄 사업을 할 때 광산 채굴 현장 책임자로 같이 생활하면서 나누었던 조르바의 인생 경험에 대한 이야기로, 카잔자키스의 인생에 깊은 영향을 주었던 실존 인물이다. 한때 우리나라에서도 '자유인의 표상'처럼 조르바 열풍이 불었던 적이 있었다. 문학에 좀 관심 있는 사람이라면 누구나 꼭 읽어야 할 필독서로 《그리스인 조르바》가 우상화됐던 시대였다.

영화 같은 재미를 상상하고 처음에 책을 펼쳤을 때 느꼈던 그 생경함이란. 우선 조르바가 일인칭 화자인 '나'를 부를 때 사용하는 '두목'이라는 호칭이 참 낯설었다. 두목이라니. 이 낱말은 장편소설 《임꺽정》에서 많이 등장했던 낱말이었는데, 지식인인 주인공 '나'를 지칭하는 단어로는 전혀 어울리지 않은 것 같았다. 역자인 고 이윤기 선생은 조르바의 야성적인 성격을 대표하는 호칭으로 그렇게 번역한 것 같았지만, 독자의 한 사람으로서 말하자면, 그 표현은 쉽게 다가오지 않았다.

특히 조르바의 과거 이야기 중 도자기 만드는 일을 할 때 일화는 가히 충격적이었다. 도자기 무양을 만드는 물레를 돌릴 때 자꾸 걸리적거린다는 이유로 자신의 집게손가락 한 마디를 잘랐다는 내용에서 그의 정신상태를 의심하지 않을 수 없었다. 그 문단을 읽으며 느꼈던 것은 자유인의 표상이라기보다는 미친 사람 같다는 느낌이 더 정확할 것 같다.

어렵게 이 책을 처음 다 읽고 났을 때 나는 한편으로는 카잔자키스가 독자에게 무슨 메시지를 주려고 이런 이야기를 썼을까 정확하게 이해할 수가 없었다. 마치 10대에 소설 《이방인》을 처음 읽고 혼란스러웠던 것처럼. 우연인지 1957년 알베르 까뮈가 《이방인》으로 노벨 문학상을 수상했을 때 단 한 표 차이로 상을 놓쳤던 작가의 작품이 바로 니코스 카잔자키스의 《그리스인 조르바》이다. 같은 해 그의 사망 소식을 들었을 때 까뮈는 "카잔자키스야 말로 나보다 백 번은 더 노벨 문학상을 받았어야 했다. 그의 죽음으로 우리는 위대한 예술가를 잃었다"고 고인에 존경을 표했다. 사용 인구가 일천만 명도 채 되지 않는 언어의 작가가 세계적 문호가 된 경우는 카잔자키스밖에 없다고 하니, 그의 위대함을 더욱 실감하게 된다.

얼마 전 그리스 언어학을 전공한 유재원 교수가 《그리스인 조르바》를 원전 번역한 책이 새로 출간되었다. 나도 원전 번역한 책이 궁금해서 기쁜 마음에 다시 책을 들었다. 그런데 지금까지 우리가 읽었던 《그리스인 조르바》는 그리스어에서 프랑스어로 번역된 작품을 미국에서 다시 영어로 번역 출판했던 책이라고 한다. 결국 이윤기 선생이 번역했던 책은 중역도 아니고 삼중 번역 작품이었다는 이야기다. 이렇게 된 에피소드를 읽어보니 카잔자키스의 대리인이 《그리스인 조르바》 출판 계약을 하러 미국으로 갈 때 실수로 프랑스어 번역본만 가지고 가 할 수 없이 펄벅 여사가 프랑스어 번역본을 읽고 출판을 결정한 것이라 한다.

유재원 교수가 새로 번역을 결정한 배경에도 이런 삼중 번역의 과실을 바로잡기 위해 시작한 작업이었다고 한다. 역자는 새로운 세기를 앞두고 이윤기 선생과 함께 카잔자키스의 묘를 방문했던 일화를 밝혔는데, 그 글을 읽고 새삼 카잔자키스에 대한 두 분의 존경심이 느껴졌다. 이윤기 선생은 작가의 묘 앞에 한국에서 손수 준비해간 오징어와 소주를 앞에 두고 묘소에 절을 하며 눈시울을 붉혔다고 한다.

처음 책을 읽었을 때는 조르바가 화자인 '나'를 부르는 호칭이 '두목'이었는데, 이번 책에서는 '대장'으로 바뀐 게 가장 큰 변화인 것 같다. 맨 처음 이 책을 읽었을 때 '두목'이라는 호칭이 조금은 편하지 않았던 기억이 나는데, '대장'이라는 칭호는 아주 적절한 선택으로 보였다.

학교 문턱에도 못 가본 실존 인물이 모델

학교 문턱에도 못 가본 알렉시스 조르바라는 야생마 같은 인물이 어떻게 니코스 카잔자키스라는 위대한 작가의 인생에 큰 영향을 주었는지 두 번째 원전 번역본을 읽으며 다음 문장을 읽었을 때 깨달을 수 있었다.

"하지만 아이러니하게도 주인공인 '내'가 태어나 처음으로 완전한 자유를 느꼈던 순간은 그 직후에 찾아왔다."

두 사람이 함께했던 탄광 사업의 마지막 희망인 케이블 시도가 무산되고 완전히 빈털터리가 된 순간에도 조르바는 태평했고 그런 탄광 책임자를 보면서도 보스는 분노 대신 자유를 만끽한 기분이었다. 그리고 '나'답지 않게 그 순간에 조르바에게 춤을 가르쳐 달라고 한다. 갈탄광 사업이 완전히 실패로 돌아갔는데 자신에게 화를 내기는커녕 춤을 배우겠다고 하는 '나'를 보고 조르바는 그 호탕한 웃음을 웃으며 춤을 추기 시작한다. 바로 영화의 잊지 못할 마지막 장면인 조르바와 화자인 '나'가 함께 춤추는 장면이다. 그리고 다음 문장에서 그의 자유에 대한 의지를 찾을 수 있었다.

"내가 뜻밖의 해방감을 맛본 것은 정확하게 모든 것이 끝난 순간이었다. 마치 어렵고 어두운 필연의 미로 속에 있다기 자유가 구석에서 행복하게 놀고 있는 걸 발견한 것 같았다."

탄광 사업 실패로 각자의 길로 돌아간 후 2년여가 지난 어느 날 그의 사망 소식을 듣게 된 카잔자키스는 조르바와 함께했던 생활을 떠올리며 이 소설을 집필했다고 한다. 사업 실패로 많은 금전적인 손실이 있었지만, 이 소설 출간으로 조르바가 입혔던 손실을 만회하고도 남는 큰 인세를 받았다고 하니 조르바는 죽어서도 자신을 믿고 고용했던 보스에 대한 은혜를 갚은 셈이다. 그리고 마찬가지로 카잔자키스는 그와 함께했던 추억을 수많은 독자에게 선사하며 저승에서 영생불멸의 자유를 누릴 수 있도록 조르바에게 선물한 셈이다.

코코 샤넬의 초상화로 유명한 프랑스 여류화가 마리 로랑생의 시 〈진통제〉에는 이런 구절이 있다. "죽는 것보다 더 비참한 것은 잊힌다는 것이다." 니코스 카잔자키스는 오래전 생을 마감했지만, 저 멀리 아시아 동쪽 끝 대한민국에서 많은 사람이 산 넘고 물 건너 이곳 크레타까지 찾아와 무덤을 찾았으니 행복한 사람이라는 생각이 들었다. 비록 비바람이 몰아치는 궂은 날씨였지만, 작가의 묘를 지키고 있는 나무 십자가를 배경으로 사진을 찍었다. 그리고 그 순간만은 '그리스인 조르바'처럼 자유롭게 크레타의 비바람을 온몸으로 느꼈는지도 모르겠다. 사진 속에서 활짝 웃고 있는 모습은 바로 자유를 만끽한 그 순간이었나 보다.

아리아드네가 테세우스를 기다렸던 미궁

- 에번스의 상상력으로 복원된 왕좌의 방. 왕좌 뒤편에 상상 속 동물인 그리핀을 그려놓았다.

크레타에서 가장 마지막으로 찾았던 곳은 크노소스 궁전 유적지다. 조금 전 방문했던 이라클리온 고고학 박물관에서 흥미롭게 보았던 수많은 유물이 발굴됐던 역사적인 장소다. 돌이켜 생각해 보면 박물관을 먼저 관람하고 후에 유적지를 보는 것보다는 주요 전시품이 출토된 현장을 먼저 구경한 뒤 박물관에 가는 것이 맞는 순서인 것 같다.

크노소스 궁전 유적지에서 발굴된 유물 중 가장 인상 깊었던 것은 벽에 그림으로 남아 있는 프레스코화였다. 그런데 원본 프레스코화는 떼어내 박물관에 전시해 두고, 벽화가 있었던 장소에는 복제품을 남겨 놓았다. 한데 그림의 형상은 똑같이 복원할 수 있었지만, 색채가 너무 화려하고 선이 뚜렷해 4,000여 년 세월의 무게를 품고 있는 궁전 건축물과는 조금 동떨어져 보였던 게 아쉬웠다. 게다가 원화를 먼저 보고 난 다음 복사본을 보니 처음에 느꼈던 감동처럼 큰 울림이 와닿지 않았다.

루첼라이 정원의 산책자들

하지만 크노소스 궁전을 발굴한 영국인 고고학자 아서 에반스의 공적을 폄하할 수는 없을 것 같다. 오랜 세월 땅 밑에서 잠자고 있던 궁전을 발굴한 것에 그치지 않고 그곳에서 꽃피웠던 찬란한 문명이 미케네보다 앞선 그리스 최초의 문명이라는 것을 증명함으로써, 유럽 고고학계에 큰 파장을 불러일으켰다. 유럽 문명의 기원을 크레타 또는 미노아 문명으로 부르는 것은 크레타 왕국의 신화적인 인물 미노스 왕의 이름에서 따온 것이다. 고고학 역사상 가장 뛰어난 발굴을 한 인물로 평가받고 있는 독일 고고학자 하인리히 슐리만 덕분에 트로이아 전쟁이 신화에서 역사 속으로 들어온 것처럼 에반스 덕분에 제우스와 페니키아 공주 에우로페 사이에서 태어난 크레타 왕국의 신화적인 인물 미노스도 역사 속 인물로 인정받게 된 것이다.

영국 고고학자 에반스가 발굴 이끌어

어느덧 목적지에 도착했지만 쏟아붓는 듯 내리는 장대비를 보니 선뜻 버스에서 내릴 용기가 나지 않았다. 이런 날씨에 야외에서 제대로 유적지를 구경할 수 있을까 걱정이 앞섰지만 크레타섬까지 왔는데 궁전 유적지를 둘러보지도 않고 그냥 간다는 것은 큰 후회로 남을 것 같아 폭우를 뚫고 내렸다.

● 코노소스 궁전 터에는 미노타우로스 신화가 탄생한 미로 궁전답게
  유적지 곳곳에 이런 뿔장식이 많이 있다.

궁전 유적지 입구에는 아서 에반스의 흉상이 자리하고 있었
다. 그리고 그 옆 안내도에는 궁전터의 지도가 자세히 그려져 있
고 친절하게 빨간색으로 동선까지 표시돼 있었다. 박물관에서 봤
던 미니어처 궁전은 크기가 작아도 층층이 쌓아 올린 미로가 마
치 히치콕 감독의 영화 〈현기증〉에서 옥상에서 나선형 계단을 아
래로 내려다보는 것 같은 시각적인 효과가 있었다. 하지만 역사
의 현장에서 평면도로 살펴본 라비린토스는 상상 속 미로 궁전만
큼 흥미진진해 보이지는 않았다.

　직접 둘러본 유적지는 하나의 궁전이라고 부르기에는 너무 방

대한 공간이었다. 처음에는 발굴해 놓은 유적지의 크기에 놀랐고 다음에는 미노스 왕의 명으로 라비린토스라 불리는 미궁을 만든 다이달로스의 출중한 재주에 놀랐다. 복원해 놓은 건축물만으로도 궁전은 수많은 계단과 회랑, 통로 등 복잡한 구조로 되어있어 길을 잘못 들면 미노타우로스의 제물이 될 것 같았다. 미로는 따로 있는 게 아니라, 궁전 자체가 일종의 미로였다. 또 한 가지 인상적인 것은 궁전 건물 입구마다 높이 서 있던 거대한 뿔 장식이다. 마치 미노타우로스의 존재를 과시하기 위해 만들어 놓은 것처럼 여기저기 있었지만, 남쪽 입구 건물 위에 얹혀 있던 뿔 장식이 제일 먼저 눈에 들어왔다.

에반스가 가장 심혈을 기울여 복원했다는 왕좌의 방은 넓은 궁전의 규모에 비해서 너무 작았다. 왕좌 뒷벽에 붉은색 바탕에 전설의 동물 그리핀 벽화를 복원해 놓지 않았다면 그냥 지나쳤을 것 같았다. 막상 신화와 역사가 교차되는 극적인 지점에 와서 본 현장은 상상외로 소박해서 약간 실망하기도 했다. 그렇게 영국인 고고학자는 관람객들이 상상할 수 있는 여지를 전혀 남겨 놓지 않아 야속하기까지 했다.

프레스코화에 나온 크레타 남성들은 모두 허리 부분이 유난히 가늘어 비현실적인 모습으로 그려져 있었다. 만약 벽화 속의 '백합 왕자'가 이곳을 다스렸던 왕이라면 현재 왕좌의 방에 남아 있는 의자에 앉을 수 있었을 것 같다는 생각에 왕좌의 방을 다시 한

번 둘러봤다.

시멘트로 복원한 기둥에 아쉬움

궁전 유적지를 둘러보면서 가장 눈길을 끌었던 것은 시멘트 기둥이었다. 진한 벽돌색으로 칠한 기둥들은 특이하게도 기둥 위가 굵고 아래로 내려올수록 가늘어지는 형태가 마치 바오밥 나무를 뒤집어놓은 듯한 느낌을 받았다. 예전의 건축 자재인 나무나 돌로 복원했더라면 더 좋았을 텐데 하는 아쉬움이 남는 것은 어쩔 수 없었다.

에반스가 복원 재료로 나무를 쉽게 찾을 수 없었던 것은 아마도 크레타의 기후 탓일 거라고 한다. 우리나라 국보 1호인 남대문이 완전히 잿더미로 변한 후 재건하면서 공기가 계속 늦춰졌던 것도 조선 시대에 사용된 것과 같은 목재를 쉽게 구할 수 없어서였다고 하지 않던가. 그러고 보면 크노소스 궁전 유적지는 아서 에반스의 상상력으로 절반만 되살아난 고대 문명인 셈이다. 기대가 너무 높으면 실망감도 비례해서 커지기 마련이다. 크레타섬 일정에서 가장 기대가 컸던 방문지에서 느꼈던 작은 실망감을 오랜 세월 크레타 문명을 발굴하기 위해 온 힘을 쏟은 고고학자의 성급한 실수 탓으로 돌리기에는 그가 고고학계에 남긴 공로가 너무 크다고 하겠다.

항상 아쉬움을 남기고 오는 것이 여행이다. 하지만 그런 아쉬운 마음 때문에 한 번 갔던 여행지를 다시 찾게 되는 동기가 되기도 하는 것 같다. 크레타섬에 오기 전 가장 큰 기대를 했던 것은 바로 이 신화의 주 무대가 됐던 크노소스 궁전의 미궁 라비린토스의 존재였다. 한 번 들어가면 결코 빠져나올 수 없다는 미궁에서 미노타우로스를 죽이고 아리아드네가 건네준 실뭉치를 이용해 무사히 탈출한 테세우스 이야기는 그리스신화에서 가장 매력적인 스토리였다.

만약 다음에 다시 크레타에 올 기회가 있다면 날씨 때문에 제대로 감상하지 못했던 위대한 문명의 흔적과 인간 승리의 크나큰 업적을 우리에게 남긴 아서 에반스의 성과를 다시 한번 생각하는 기회를 갖고 싶다. 이렇게 크레타 문명 탐방은 궂은 날씨 때문에 아쉬움도 많았지만 그날 저녁 무사히 다시 아테네행 비행기에 오를 수 있었던 것만으로도 다행이었다고 생각한다. 귀국 후 외신에서 크레타섬의 폭우로 많은 인명 피해가 났다는 소식을 접했기 때문이다.

폐허 자체로 아름다운 포세이돈 신전

- 비가 그치고 석양이 지기 시작할 무렵 수니온곶 정상에 고고하게 서 있는 포세이돈 신전

원래 일정에는 없었던 낯선 여행지에서 예상 밖의 재미를 느끼게 될 때가 있다. 이번 그리스 여행에서 산토리니섬 대신 찾았던 수니온곶 방문에서 바로 그런 즐거움을 경험했다. 우리나라 최남단 땅끝 해남이 삼면에 바다를 끼고 있어 뛰어난 자연 풍광을 자랑하고 있는 것처럼 그리스 본토 아티카 반도의 끝 수니온곶도 에게해를 끼고 발단한 해안도로가 절경을 선사하는 곳이었다.

　점심 식사 후 수니온곶으로 출발할 때 가랑비가 부슬부슬 내리기 시작했다. 비 내리는 해안도로를 드라이브하는 것도 색다른 추억거리가 될 수 있겠지 생각하고 크게 마음 쓰진 않았다. 다만 그리스에서의 마지막 날이니 비가 그치고 화창하게 날이 개었으면 좋겠다는 마음은 간절했다. 에게해를 끼고 멋진 해안 도로가 끝없이 펼쳐진 아름다운 풍광을 구경할 수 있다는 얘기를 듣고 오른쪽 창가 자리에 앉았다.

　바다를 낀 해안도로를 차로 여행하는 경험은 항상 멋지다. 지금까지 다녀본 해안도로 중 가장 아름답다고 느꼈던 곳은 남프랑스 코트다쥐르 지역이다. 연중 300일 이상 뜨거운 태양이 내리쬐는 이곳엔 푸른 하늘과 쪽빛 지중해가 맞닿아 있는 그림 같은 풍경이 파노라마처럼 펼쳐졌다. 자연의 무한한 혜택을 받은 행운의 땅을 가진 프랑스가 얼마나 부럽던지. 자연이라는 변함없는 친구가 동행하고 있는 듯한 생각에 혼자였지만 마냥 행복했던 그 여행길이 떠올랐다.

그때는 날씨도 화창해서 코발트빛 해안의 럭셔리한 우아함을 원 없이 볼 수 있었는데. 포세이돈 신전이 있는 수니온곶 가장 높은 절벽으로 오르는 자동차 길은 남프랑스와는 확연히 다른 쓸쓸한 아름다움과 처연함이 있어 또 다른 매력을 보여주고 있었다. 궂은 날씨가 더욱 그런 대조적인 감상을 극적으로 보여주고 있는 것 같았다. 포세이돈 신전에 가까워질수록 빗줄기가 점점 굵어졌지만, 그리스에서의 마지막을 좋은 추억으로 담아 가리라 생각하니 마음이 좀 편해졌다.

아이게우스 왕의 눈물인 듯 장대비가

목적지에 도착했지만 포세이돈 신전에 눈길 한 번 줄 여유도 없을 정도로 폭우가 몰아쳤다. 우선 비를 피해 휴게소부터 찾았다. 금방 지나갈 소나기가 아니라 한국에서라면 여름 장마철에나 만날 수 있는 폭우를 그리스 여행 마지막 날 그것도 원래 일정에 없던 수니온곶을 찾았을 때 만났던 것은 특별한 의미가 있는 것 같았다. 아마도 아들 테세우스를 잊을 수가 없었던 아이게우스 왕이 지금도 눈물을 쏟아내고 있는 것 같았다.

수니온곶 해안도로로 가는 길 어딘가에 유명한 그리스 커피를 파는 카페가 있다고 했지만, 포세이돈 신전 앞의 유일한 휴게소에서 비 내리는 바다를 바라보며 마시는 커피도 나쁘지는 않았다. 예상치 못했던 궂은 날씨에 얼어붙었던 몸과 마음이 따뜻한 차 한잔에 스르르 녹으면서 그리스 여행의 마지막 날을 차분히 정리하는 시간을 보낼 수 있었다. 유리창 너머 추적추적 겨울비가 내리는 검푸른 바다를 바라보며 아이게우스의 바다란 의미를 지닌 에게해의 슬픈 전설을 떠올렸다.

수니온곶이 아름다운 것은 아이러니하게도 애달픈 두 인물의 죽음이 있었기 때문이다. 이 두 번의 비극 중심에는 모두 아테네의 가장 유명한 영웅이었던 테세우스가 있다. 에게해란 명칭이 절절한 부성애로 알려진 아테네의 왕 아이게우스에게서 따왔다는 것은 그다지 놀랍지 않다. 그만큼 그의 죽음은 아들을 생각하는 아버지의 애절한 사랑을 직설적으로 표현한 것이기 때문일까.

검은 돛을 단 배에 절망한 아버지의 죽음

그 당시 약소국이었던 아테네는 매년 젊은이들을 크레타섬의 미궁에 사는 괴물 미노타우로스의 제물로 바쳐야 했다. 어느 해 테세우스는 괴물 미노타우로스를 처치하기 위해 젊은이들과 함께 크레타행 배에 오르면서 아버지와 굳은 약속을 했다. 괴물을 처치하고 무사히 돌아올 때는 검은 돛 대신 흰 돛을 달고 돌아오겠다고.

크레타의 공주 아리아드네는 첫눈에 아테네의 영웅에게 마음을 빼앗겨버린다. 그리고 아버지의 눈을 피해 테세우스가 미로에서 탈출할 수 있도록 칼과 실뭉치를 준다. 괴물을 처치하고 들어갈 때 풀어놓았던 실뭉치를 따라 무사히 미로 밖으로 나온 테세우스는 약속대로 아리아드네와 함께 배에 올랐다. 하지만 귀향길에 잠깐 들른 낙소스섬에 공주를 버린 아들은 서두르느라 아버지와의 약속을 까맣게 잊고 검은 돛을 그대로 달고 피레우스 항구를 향해 배를 몰았다.

테세우스의 신화 내용 중 이 부분은 참 의문이 간다. 테세우스는 아테네 왕과의 중요한 약속을 어떻게 잊을 수가 있었을까? 만에 하나라도 이런 영웅의 행동에 고의는 없었는지 문득 궁금해지는 부분이다. 항구가 가장 잘 보이는 이곳 수니온곶 절벽에서 이제나저제나 아들이 살아서 돌아오기만을 기다렸던 아버지는 검은 돛을 단 배를 본 순간 절망해서 에게해에 몸을 던져버렸다. 그래서 이 바다가 아이게우스의 바다란 뜻의 에게해가 되었다는 슬픈 전설이 전해져 오고 있다.

또 다른 죽음은 테세우스와 첫 번째 부인인 아마존 여왕 사이에서 태어난 힙폴뤼토스의 죽음이다. 아테네 영웅의 아들을 죽음으로 몰아넣은 원인 제공자는 두 번째 부인인 페드라였다. 아이러니하게도 페드라는 아리아드네의 여동생이었다. 미노스 왕이 죽고 난 후 크레타 왕국은 국운이 다했는지 점점 세가 기울었다. 반면 아테네는 테세우스가 권력을 잡고 난 후 미노스 왕국을 넘볼 정도로 세력이 커졌다. 어쩔 수 없이 미노스의 새 왕은 아리아드네의 여동생인 페드라를 테세우스에게 시집 보내 왕국을 지키려고 했다.

계모 페드라는 의붓자식인 힙폴뤼토스를 보고 첫눈에 반해 사랑의 열병을 앓게 된다. 그러나 절제를 중시하는 아르테미스 여신을 섬겼던 힙폴뤼토스는 계모의 사랑을 일언지하에 거절한다. 자존심에 상처를 입은 페드라는 힙폴뤼토스가 자신을 유혹하려 했다는 내용의 편지를 남편에게 남기고 자결한다.

의붓아들을 향한 계모의 빗나간 사랑

그리스 신화에서 큰 사건이 일어났던 시점은 모두 왕이 자신의 왕국을 비우고 타지에 나가 있을 때였다는 사실은 무척 흥미롭다. 트로이아 전쟁의 발단이 된 헬레네 납치 사건도 남편 메넬라오스가 외할아버지 카트레우스 장례식에 참석하느라 스파르타에 없을 때 일어난 큰 사건이었고, 페드라가 거짓 편지를 남기고 자결한 것도 테세우스가 타지에 나가 있을 때 일어난 일이다.

집으로 돌아와 죽은 아내의 편지를 읽고 분노한 테세우스는 바다의 신 포세이돈에게 아들의 죽음을 간절히 부탁하기에 이른다. 마치 오셀로가 이아고의 말만 믿고 아내 데스데모나를 목 졸라 죽인 것처럼 아테네 영웅은 페드라가 남긴 거짓 편지만을 믿고 아들에게는 변명할 기회도 주지 않고 아테네에서 추방령을 내렸다. 바다의 신은 수니온 해안도로로 마차를 몰고 가던 힙폴뤼토스 앞에 바다 괴물을 보냈다. 결국 테세우스의 소원대로 영웅의 아들은 이곳에서 죽음을 맞게 됐다.

줄스 다신 감독의 명화 〈페드라〉의 모티프

에우리피데스의 비극 〈힙폴뤼토스〉는 계모와 의붓아들의 사랑이란 자극적인 소재로 흔히 알려져 있지만, 그 발단은 아르테미스 여신만을 섬기는 힙폴뤼토스를 괘씸하게 여긴 아프로디테가 꾸민 간계에서 비롯된 것이다. 파리스를 사랑하도록 헬레네를 부추겼던, 올림포스 산의 스캔들 메이커인 아프로디테는 자신에게 무관심한 남자에게는 기어이 복수를 하고야 만다.

에로스의 화살을 맞은 페드라는 자신도 어쩔 수 없는 상사병으로 병이 깊어만 갔다. 그녀의 유모가 도움을 주겠다고 힙폴뤼토스에게 새엄마의 사랑을 고백한 것이 거절당하자, 자존심에 큰 상처를 입은 페드라는 스스로 목숨을 끊는 선택을 한다. 17세기 프랑스의 극작가 라신은 페드라를 주인공으로 내세운 5막의 비극을 운문으로 썼다. 20세기에는 미국 영화감독 줄스 다신이 금지된 사랑을 현대적으로 재해석한 〈페드라〉가 큰 성공을 거뒀다. 감독은 젊은 시절 공산당에 입당했던 전력이 문제가 돼 할리우드 블랙리스트에 올랐다. 매카시즘 광풍이 미국을 휩쓸자 할리우드를 떠나 유럽으로 가야 했지만, 그곳에서 더 화려한 경력을 쌓았다. 가족과 함께 프랑스에 정착한 다신 감독은 그의 인생 출세작을 모두 파리 체류 시절 제작해, 자신의 인생에서 터닝 포인트를 맞게 된 셈이다.

줄스 다신 감독의 인생작엔 모두 멜리나 메르쿠리가 함께했다. 영화 〈일요일은 참으세요〉로 칸 영화제 여우주연상과 아카데미 주제가상까지 받는 행운을 누렸다. 그리고 다시 감독과 여

배우로 뭉친 영화가 그리스 비극을 모티프로 제작한 〈페드라〉다. 우리나라에서는 〈죽어도 좋아〉라는 제목으로 개봉돼 제목만으로도 큰 관심을 끌었던 기억이 새롭다.

영화의 시작은 그리스 해운업계의 실력자 타노스가 아내 이름을 따 명명한 페드라호의 진수식 장면이다. 이 세상의 모든 것을 다 가진 여자 페드라의 등장은 위태로워 보였다. 원작에서 힙폴뤼토스는 새엄마의 사랑을 일언지하에 거절했지만, 영화에서는 의붓아들 역을 맡은 안소니 퍼킨스와 새엄마 역의 멜리나 메르쿠리는 첫 만남에서부터 서로에게 호감을 느끼고 결국 넘지 말아야 할 선을 넘고 말았다. 그 욕망의 밤도 역시 타노스가 두 사람만 남겨두고 해외로 출장을 떠났던 날이었다.

페드라호가 좌초되면서 영화는 파국을 향해 달려간다. 엄청난 경제적 손실은 물론 많은 인명 피해까지 발생할 수 있는 최악의 상황에 처한 타노스를 찾아온 페드라는 아들 알렉시스와의 사랑을 고백한다. 참 절묘한 타이밍이다. 사랑에 눈이 먼 페드라는 남편의 심기를 살필 여유가 없다. 끓어오르는 분노를 누를 길 없는 아버지는 아들을 향해 저주를 퍼붓는다. 아버지로부터 뭇매를 맞은 알렉시스가 미친 듯이 자동차를 몰다 맞은편에서 오는 트럭과 정면충돌하면서 비극적인 최후를 맞는 라스트 신의 촬영장소가 바로 이곳 해안도로다. 알프레드 히치콕 감독의 영화 〈사이코〉에서 정말 사이코 역할을 실감나게 연기했던 안소니 퍼킨스의 표정

연기가 이 영화에서도 압권이다.

파손된 형태 그대로인 포세이돈 신전

여유롭게 차 한 잔을 다 음미했는데도 비는 잦아들 기세를 보이지 않고 있었다. 비가 그칠 때까지 마냥 기다릴 수는 없었다. 파르테논 신전보다 더 처참하게 앙상한 기둥만 남은 포세이돈 신전 앞에서 사진을 찍는 것으로 그리스에서의 마지막 날을 남길 수밖에 없었다.

포세이돈 신전은 파르테논과는 또 다른 느낌이었다. 채움보다는 비움이 어울리는 신전이었다. 현재 남아 있는 건축물 자체로만 본다면 아테나 여신의 신전보다 더 많이 망가져 있었다. 그나마 파르테논은 원상복구를 위해 갖은 노력을 다하고 있었지만, 포세이돈 신전은 잊힌 유적처럼 파손된 형태 그대로여서 자코메티의 조각상처럼 앙상하고 메마른 모습이었다. 그러나 주변 경관이 주는 이점으로 지금의 이 잔해가 그렇게 잘 어울릴 수가 없었다. 왜 구태여 이 신전을 복원하지 않고 남아 있는 상태대로 유지하고 있는지 이해할 수 있을 것 같았다.

신전은 바다의 신의 위용과 기품 있는 자태로 수니온곶의 가장 높은 절벽 위에 우뚝 솟아 있었다. 포세이돈은 자신의 영역이 바다이기 때문에 떠날 수가 없다. 비록 과거 영광의 그림자도 찾을 수 없을 정도로 폐허가 된 모습이지만, 현재의 모습을 있는 그대로 받아들이겠다는 자신감처럼 느껴졌다. 그래서 일출 때보다는 석양에 더욱 아름다운 경관을 선사하는지도 모르겠다. 비록 초라한 10여 개의 기둥만 남았지만 2,000년이 넘는 세월을 훌쩍 뛰어넘으며 꿋꿋이 세월을 견뎌온 늠름한 신전이다.

작별이 아쉬워 버스 안에서 다시 뒤돌아보니, 가파른 절벽 위에 덩그머니 서 있는 신전이 그림 같은 풍경을 연출하고 있었다. 아직도 버스 차창으로 후드득 떨어졌던 빗방울 소리가 귓전을 울리고 있는 듯하다.

그리스 여행은 사계절을 모두 품고 있었다. 아테네에 도착했을 때는 가을의 시작을 알리고 있었다. 그리고 그 가을은 올림피아와 델포이를 거쳐 점점 깊어 갔고, 메테오라에 도착했을 땐 겨울이었다. 다시 그리스 중부 테살로니키로 가면서 봄이 오는 소리를 들었고 크레타섬에서는 여름에나 만날 수 있는 폭우가 기다리고 있었다. 그리고 그리스에서의 마지막 날엔 수니온곶 정상에서 그 여름은 끝을 고했다.

2

시칠리아
마그나 그라치아를
찾아서

숨어 있는 보석 같은 이스탄불

- 아름다운 돔 지붕의 성소피아 사원 뒤로 아시아와 유럽의 경계가 되는
  보스포로스 해협이 보인다.

고대 그리스인들이 자신들의 영토가 포화상태가 됐을 때 바깥에서 찾았던 답이 지중해의 가장 큰 섬 시칠리아였다. 그곳은 본토보다 기후가 온화하고 토지가 비옥해 밀을 경작하기에 좋은 땅들이 많았기에 앞다투어 수많은 식민도시를 건설했다. 이탈리아 남부와 시칠리아 지역에 건설한 식민도시들을 통틀어서 그리스인들은 거대한 그리스라는 뜻으로 '마그나 그레치아'라고 불렀다.

시칠리아는 섬이라는 특성상 대륙보다는 외적의 침입을 덜 받았기에 본토보다 보존 상태가 좋은 유적들이 많이 남아 있다. 시라쿠사나 아그리젠토 같은 식민도시들은 한때는 본토의 아테네를 능가하는 부를 누렸기에 그리스보다 더 많은 고대 유적이 잘 보존돼 있다. 이런 연유로 고대 그리스 문명의 흔적을 찾아보려면 그리스 본토와 함께 꼭 방문해야 하는 답사지가 시칠리아다. 하지만 지리적으로 가까운 거리가 아니어서 한 번의 여행 일정으로 소화하기엔 좀 힘든 곳이기도 하다.

8박 9일의 그리스 여행을 끝내고 돌아온 후 두 번째 인문학 강좌는 로마 제국이었다. 10번의 강의가 끝나고 떠나는 이탈리아 답사 여행 여정에서 지난번 그리스 여행에서 함께 할 수 없었던 시칠리아까지 일정에 포함하게 됐다.

여행 날짜는 그리스 여행을 다녀오고 넉 달이 지난 2019년 6월로 정해졌다. 한국에서는 막 초여름이 시작될 즈음이었지만, 지중해성 기후인 이탈리아 남부, 특히 시칠리아는 벌써 우리나라 한여름 날씨처럼 무더워 유적지를 답사하기 힘들 거라는 부정적인 시선도 있었다. 하지만 그때까지도 그리스 여행의 감동을 간직하고 있던 터라 더위에 대한 우려보다는 시칠리아에 남아 있는 그리스 문명의 흔적을 찾아간다는 설렘에 날씨 걱정은 애써 잊었다.

이탈리아 본토는 여러 차례 다녀봤지만, 시칠리아 여행은 처음이었다. 그때끼지 내 미릿속에 각인된 시칠리아는 모두 이곳을 배경으로 찍었던 〈대부〉나 〈시네마 천국〉 같은 영화에서 봤던 풍경이 전부라고 해도 과언이 아니었다.

셰프가 가져온 아침식사를 즐기는 느긋함이라니

해외여행 시 직항노선을 이용하는 것이 가장 편하긴 하지만, 때로는 중간 기착지에서 덤으로 주어진 시간을 보내는 것도 나쁘지 않다는 것을 이탈리아 일정의 첫 기착지인 이스탄불에서 경험했다. 첫 목적지인 시칠리아의 카타니아로 가는 직항노선이 없었기에 중간 기착지인 이스탄불에서 다음 비행기를 탈 때까지 시내를 둘러볼 수 있었다.

터키 항공을 타본 것도 처음이었지만 자정에 출발하는 비행기에 탑승해 본 것도 처음이었다. 기내에 퍼지는 향긋한 커피 향과 구수한 빵 냄새가 코끝을 간지럽히며 단잠을 방해할 때, 셰프가 트레이에 아침 식사를 담아 내 자리에 가져다 놓았다. 그때 행복은 정말 멀리 있는 것이 아니구나 하는 생각이 들었다.

프랑스어 표현 중에 그라스 마티네(grasse matinee)라는 단어가 있다. 의미는 숙면을 취한 다음 느긋하게 게으름 피우며 기분 좋게 맞는 휴일 아침이라는 뜻을 담고 있다. 내게 그라스 마티네는 어느 주말 늦잠 자고 일어났을 때 누군가 트레이에 차려온 간단한 아침을 침대에서 먹는 것이었다. 그런데 뜻밖에도 내 버킷리스트 중 실현 가능성이 가장 낮았던 그라스 마티네를 '마그나 그레치아'를 찾아 시칠리아로 떠나는 여행길 기내에서 이룬 셈이었으니 '그래 바로 이거야'할 수밖에. 내 버킷 리스트 중 한 개는 어느새 이렇게 이루어졌다.

여행 전 터키 항공에 대해 가졌던 부정적인 선입견을 버릴 수 있었던 좋은 기회였다. 탑승 전 출발 시각이 너무 늦어 불편하다고 생각했는데, 오히려 미리 저녁 식사를 끝내고 바로 잠자리에

들 수 있었던 것이 장점으로 생각됐다. 이래저래 시작이 좋으니 이번 여행에서 멋진 추억을 많이 가지고 올 것 같은 좋은 예감이 들었다.

선입견을 깨준 경유지 이스탄불 시내 관광

일요일 자정 조금 지난 시각에 인천에서 출발한 비행기는 이스탄불 공항에 같은 날 아침 이른 시각에 도착했다. 카타니아행 비행기 출발이 오후 늦은 시간대라 기다리는 동안 반나절 시티투어를 했다. 넉 달 전 그리스 여행을 할 때 누군가가 이런 말을 했던 기억이 났다. 터키에는 유적지나 유물들이 많아서 볼거리가 참 많은데 그리스는 남은 유물이 너무 없어서 볼 게 별로 없었다는 이런 내용이었다.

처음 그리스를 여행했던 내게는 폐허도 유적으로 느껴져 너무 좋았는데 볼 게 별로 없다는 투정은 내게 잘 와닿지 않았다. 그런데 이스탄불에 반나절 정도 머물면서 둘러본 성소피아 성당, 블루 모스크 그리고 신비한 지하궁전 등 너무나 아름다운 건축물들이 거의 원형으로 남아 있는 모습을 직접 눈으로 확인하고 보니 그리스와 터키를 비교했던 그의 말이 이해가 갔다. 아마도 그것은 터키는 주로 정복자의 입장이었고, 그리스는 오랜 세월 피정

복민으로 고난의 세월을 보냈기에 두 나라를 비교하면 당연히 터키에는 유물이 많이 남아 있을 수밖에 없겠다는 생각이 들었다.

이슬람 국가인 터키에 가톨릭 성당이 그대로 남아 있다는 사실에 무슬림들은 배타적 종교주의자라는 선입견도 바꿀 수 있었다. 비잔틴 제국의 유스티아누스 황제 시절 건축한 소피아 성당은 동서양의 역사를 아우른다는 사실 하나만으로도 위대한 건축물이다. 가장 인상 깊었던 것은 성당의 중앙에 있는 높이 50미터가 넘는 환상적인 거대한 돔의 무수한 창으로 쏟아져 들어오는 빛이었다. 또한 기하학적인 이슬람 문양의 아름다움도 잊을 수가 없다. 그리고 히포드롬 광장에서 꽈리를 튼 몸체만 남아 있는 델포이의 청동 기둥을 바라보며, 그리스 델포이 여행 때 실물은 이스탄불에 남아 있다고 하셨던 교수님 말씀이 생각나 반가웠다.

점심 식사 후 보스포로스 해협을 건너는 유람선에 올랐다. 아시아와 유럽이라는 광활한 두 대륙의 경계가 되는 해협을 건널 때 여러 가지 생각이 떠올랐다. 바다에 위치한 두 대륙의 경계선은 대륙으로 연결된 국가 간 경계와는 또 다른 느낌이었다. 예전에 스위스의 바젤을 방문했던 적이 있었는데, 그곳 공항은 스위스, 프랑스 그리고 독일 세 나라가 함께 사용하고 있었다. 다만 입출국 통로가 달랐던 게 기억에 남는다. 프랑스 쪽 도시명은 뮐루즈였다.

이곳은 지상의 국경보다는 바다가 두 대륙을 구분 짓는 역할을 하니 가슴이 확 트인다고 할까 좀 더 낭만적이라는 생각도 들었다. 해협의 동쪽이 아시아고 서쪽이 유럽에 속한다고 한다. 면적으로 보면 대다수가 아시아 대륙에 속해 있지만 그래도 일부 땅이 유럽에 속해 있다는 상징적인 의미만으로도 신선하다. 이렇게 지정학적으로 독특한 지위를 차지하고 있으니 이스탄불에 많은 관광객이 몰리는 것은 당연하다. 구름 한 점 없이 맑은 초여름의 햇살 너머로 바라본 보스포로스 해협은 양쪽 기슭을 따라 아름다운 경치가 펼쳐져 있었다. 그리고 나는 어느새 터키를 코로나 팬데믹이 끝난 후 첫 번째 여행지로 내 버킷리스트에 올려놓고 있었다.

아침부터 저녁까지 벨리니와 함께

- 도로 옆으로 대지진때 무너진 집의 지붕만 땅 위로 모습을 보이고 있다.

시칠리아 여행의 첫 목적지는 카타니아였다. 물론 이 도시도 고대 그리스 식민도시 중 하나였으니 '마그나 그레치아'의 흔적을 찾으러 가는 것은 맞지만, 첫 번째 목적은 지금도 활동 중인 에트나 화산을 찾아가는 것이었다.

내 기억 속에 아직도 선명하게 남아 있는 활화산에 대한 에피소드는 10여 년 전으로 거슬러 올라간다. 2010년 밀라노 기구전시회 기간 중 아이슬란드 화산이 폭발하여 발생한 엄청난 화산재가 인근 도시를 덮치면서 대다수 유럽 공항이 폐쇄되는 상황까지 됐다. 서울에서 출발할 때는 아무 문제 없었는데, 한국으로 돌아오는 비행편이 기약도 없이 취소되는 바람에 전시회가 다 끝난 후에 항공권을 구하기 위해 고생했던 기억이 새롭다.

밀라노 현지에서 무척 당황했던 우리와는 달리, 유럽인들은 이런 일이 다반사라는 듯 크게 동요하는 기색이 없어 놀랐던 기억이 난다. 이처럼 화산 폭발이 일상이 된 사람들은 폼페이처럼 용암이 한 도시를 완전히 삼켜버리지 않는 한 오뚜기처럼 다시 일어섰다. 우리는 한 번도 경험해보지 못한 이런 큰 재앙을 딛고 폐허로 변한 도시를 재건한 사람들은 그리스 신화에 나오는 헤라클레스나 테세우스보다 더 위대한 현대의 영웅들이다.

그런 면에서 에트나 화산은 카타니아를 만들었고 역사는 카타니아 시민들을 영웅으로 만들었다. 1669년의 화산 폭발과 연이어 1697년의 지진으로 도시가 완전히 잿더미가 됐지만 신데렐라처럼 재 속에서 다시 찬란한 꽃으로 피어났기에 지금의 카타니아가 시칠리아 여느 도시보다 더 대단해 보인다.

잿더미에서 일구어낸 카타니아의 번영

카타니아에 도착한 것은 일요일 오후 늦은 시각이었다. 여행 전 시칠리아에 대해 가졌던 선입견은 첫 관문인 카타니아 공항에서부터 여지없이 무너졌다. 도착해서 짐을 찾고 버스에 오르기까지 여느 유럽 도시보다 조용한 가운데 신속히 이루어졌다. 호텔로 가는 동안 펼쳐진 바깥 풍경도 무척 평화로우면서도 활기차 보였다. 밀라노가 수도 로마를 제치고 이탈리아 경제의 중심지가 된 것처럼 시칠리아주에서는 카타니아의 경제 규모가 주도 팔레르모보다 우위를 차지하고 있다고 한다. 그래서 이곳은 시칠리아의 밀라노라고 불린단다. 유명한 건축물과 주요 도로 대부분이 큰 자연재해를 딛고 18세기에 재건된 까닭에 건물은 깨끗이 관리가 잘 돼 있었고, 도로도 넓고 반듯했다. 카타니아의 진면목은 다음 날 아침 에트나 화산으로 떠나는 길에 잠깐 들렀던 두오모 광장에서 확인할 수 있었다.

흔히 카타니아를 잿빛 도시라고 말하지만, 그건 에트나 화산 정상으로 올라가는 도로 주변만 보고 하는 말이다. 시내 중심가인 두오모 광장은 화산석의 바닥 색깔과 대조적으로 하얀색 대리석을 사용한 건축물이 많아 밝은색이 더욱 화사한 빛을 발한다. 이곳에서 가장 눈길을 끄는 건축물은 당시 유행하던 바로크 양식으로 18세기에 지어진 아름다운 산타 아가타 대성당이다.

바로크 장식미의 극치 산타 아가타 대성당

화려하고 장식미 넘치는 바로크 양식의 진가를 대성당의 파사드에서 찾을 수 있었다. 기둥을 전면에 세우고 뒷면을 비워두는 고전 그리스 양식과 달리, 코린토스식 주두에 덧댄 장식 뒤로 아치문 옆에는 조각상을 배치해 놓았다. 3층으로 올린 성당 입구 양쪽에는 베드로와 바오로 상이 자리하고 있었고, 2층 정중앙에는 도시의 수호신인 아가타 성녀의 우아한 조각상을 모셔놓아 뛰어난 균형미를 보여주고 있었다.

고대 그리스 건축 양식이 비움을 실천했다면, 바로크 양식은 채움에 중요성을 둔 건축양식이라는 생각이 들었다. 유연한 곡선미가 넘치는 대성당 건물만으로도 두오모 광장은 바로크 건축의 전시장이란 찬사가 아깝지 않았다. 광장 가운데는 이 도시의 상징인 코끼리 분수가 자리하고 있었다. 용암으로 만든 새까만 코끼리가 이집트 아스완에서 가져왔다는 오벨리스크까지 등에 지고 분수대 위에 서 있는 모습은 마치 아틀라스가 영원히 지구를 짊어지고 있는 것 같은 안타까운 마음이 들었다. 코끼리가 에트나 화산의 심술을 다스려준다고 믿는 카타니아 사람들에게 큰 위안이 되긴 하겠지만, 코끼리뿐 아니라 아직 제자리를 찾지 못하고 있는 오벨리스크도 오랜 타향살이에 힘들어 보이긴 마찬가지였다.

벨칸토 오페라의 대가 빈센초 벨리니의 고향

카타니아가 배출한 유명한 인물로는 이탈리아 자연주의 문학의 시조로 일컬어지는 소설가 조반니 베르가와 벨칸토 오페라 작곡가로 이름을 날린 빈센초 벨리니가 있다. 이탈리아를 대표하는 오페라 작곡가들이 대부분 본토 북부 태생인데 반해 빈센초 벨리니만이 이곳 카타니아 출신이다. 오페라를 사랑하는 국민성을 생각한다면, 이 도시가 가장 아끼고 존경하는 인물은 이탈리아 구화폐 5000리라에 인물사진이 나온 빈센초 벨리니라고 해도 과언이 아니다. 카타니아 시민들은 그에 대한 오마주로 아름다운 벨리니 공원도 만들어 놓았고 벨리니 극장과 박물관까지 지어 대대로 그를 기리고 있었다.

이탈리아 도시마다 로시니, 도니제티, 베르디 그리고 마스카니 등 음악가의 이름을 붙인 여러 극장이 있지만, 시칠리아에서는 빈센초 벨리니가 유일하다. 쥬제페 베르디와 자코모 푸치니가 이탈리아 오페라를 완성했다고 한다면 벨리니는 로시니, 도니제티와 함께 벨칸토(Bel Canto) 오페라 장르를 개척했던 선구자라고 할 수 있겠다. 아름다운 노래를 의미하는 '벨칸토' 오페라는 17세기에 '선율을 중시하는 단순하고 서정적인 창법'을 일컬었던 의미가 19세기 들어서는 '성익가의 역량을 과시하는 기교적인 가창'을 뜻하는 것으로 그 내용이 변했다.

고난도의 기교를 소화하느라 엄청난 고생을 하는 가수의 노력에 비해 관객의 호응이 별로 없어 거의 무대에서 사라졌던 벨칸토 레퍼터리를 다시 화려하게 부활시킨 가수는 전설의 디바 마리아 칼라스다. 1951년 밀라노 라스칼라 극장에 입성한 마리아 칼라스는 벨리니의 〈노르마〉 주역으로 전 세계에 벨칸토 오페라가 진정으로 드라마틱할 수 있다는 것을 보여줌으로써 오페라계에 자신의 존재를 뚜렷이 각인시켰다.

카타니아 시민들의 벨리니 사랑은 곳곳에 남아 있다. 특산 파스타 이름도 오페라 속 프리 마돈나 이름을 따서 '파스타 아라 노르마'로 지었다. 자신을 배반한 남편에게 복수하기 위해 친자식 둘을 죽이는 치명적인 선택을 했던 메데이아와 달리 노르마는 복수 대신 스스로 화형대 불길 속으로 뛰어들어 정결한 여신(Casta Diva)으로 다시 태어나게 된다. 이런 연유로 카타니아 사람들은 노르마를 떠올리며 몸에 좋은 안토시아닌이 풍부하고 색깔도 예쁜 보라색 가지로 만든 파스타 이름에 이런 명칭을 붙이지 않았을까. 그래서 '파스타 아라 노르마'는 꼭 카타니아에서 먹어야 특별한 감동을 느낄 수 있을 것 같다.

카타니아 시민들은 아침에 벨리니 공원에서 산책하고 점심으로 노르마 파스타를 먹고 저녁에는 벨리니 극장에 가서 오페라를 구경하면서 하루를 그와 함께 보내고 있는 셈이다. 이곳에 다시 오게 된다면 꼭 해보고 싶은 하루 일과표이다. 여행지에서 계획했던 모든 버킷리스트를 백 퍼센트 성취한다는 것은 어려운 일이다. 무언가를 남겨 놓아야지 다음을 또 기약할 수 있을 거라 생각하면 아쉬움이 덜하다.

벨리니 공원 근처 시내 한복판에 도로가 뻥 뚫린 곳이 있어 의아했는데, 주변을 지나면서 보니 주택가 안에 로마식 원형경기장이 반만 발굴된 상태로 남아 있었다. 자연재해로 묻혔던 유적이 20세기에 발굴되면서 이미 형성된 주택가 안에 새롭게 터를 잡게 되니, 이곳 시민들은 과거 그림자와 함께 동고동락하고 있는 셈이다.

풍미 깊은 에트나 와인은 화산재 덕분

유럽 최대의 활화산인 에트나는 해발 3,323미터로 시칠리아에서 가장 높다. 우리나라에서 가장 높은 백두산보다 580미터나 더 높은 산이 섬에 있다니 놀랍기만 하다. 에트나 화산을 오르는 길은 구불구불 경사로로 이어졌고, 등산로 입구에 가까워질수록 버스에서 바라보는 주변 풍경은 잿빛으로 바뀌었다.

거무스레한 땅 위에서 피어나는 이름 모를 야생화들은 이런 척박한 토양에서도 억센 생명력을 보여주고 있어, 무서운 자연재해에서도 살아남은 카타니아 시민을 닮은 것 같았다. 특히 제주도 유채꽃처럼 샛노란 꽃잎의 야생화는 오르는 길에 칙칙함을 걷어내고 생기를 주고 있는 것 같았다. 길옆에 지붕만 남기고 땅속으로 완전히 묻힌 집의 흔적을 보니 새삼 모든 것을 삼켜버린 자연재해 앞에서는 인간이 얼마나 무력한가 느낄 수 있었다.

에트나 화산 정상 입구에서 내려 주변을 둘러보았다. 천지사방이 모두 검은 잿빛이었지만, 구름 한 점 없이 맑은 유월의 하늘은 눈이 시리도록 푸르렀다. 파란 하늘과 잿빛 대지가 수채화의 멋진 풍경을 연출하고 있었다. 화산이 폭발하면서 내뿜는 용암과 화산재가 주변 도시에 막대한 피해를 주는 것도 있지만, 다른 한 편으로는 화산재가 미생물의 활동을 억제해 포도 재배에 적합한 최적의 환경을 제공한다고 한다. 덕분에 에트나 화산 주변에서 재배되는 포도는 병충해가 없고 미네랄이 풍부해 깊은 풍미를 가 진 에트나 와인이 탄생할 수 있었다고 한다. 세계적으로 유명한 와인 전문가가 죽기 전에 꼭 맛봐야 할 와인에 에트나 와인을 넣 었다는 이야기를 들은 적이 있다. 그렇다면 에트나에서 생산되는 와인을 마실 때에는 화산을 바라보며 건배를 해야 참맛을 음미할 수 있지 않을까.

이야기를 만들어내기 좋아하는 고대 그리스인들이 에트나 화 산과 관련된 신화를 만들지 않았을 리가 없다. 유럽에서 가장 높 은 활화산 에트나가 아직도 용암을 분출하는 것은 제우스 신이 괴물 티폰을 물리치고 에트나산 아래에 가뒀는데, 이 괴물이 지 금도 가끔씩 몸부림을 치기 때문에 화산 활동이 계속되고 있다고 한다. 아니 어쩌면 스스로를 신이라고 착각해 불길이 치솟는 분 화구에 몸을 던져 자살했던 시칠리아 출신 철학자 엠페도클레스 의 영혼이 아직도 제 자리를 찾지 못해 구천을 헤매고 있는 탓인 지도 모를 일이다.

그리스 극장에서 에우리피데스의 비극 보기

- 시라쿠사의 옛 그리스 노천극장에서 열렸던 에우리피데스의 비극 〈트로이의 여인들〉 시작 장면.

에트나 화산을 뒤로하고 2시간 남짓 달린 버스는 어느새 시라
쿠사 시내로 들어왔다. 시원한 물줄기를 뿜으며 가장 먼저 반갑
게 맞아 준 것은 아르키메데스 광장의 분수였다. 학창 시절 배웠
던 많은 이론 중 아직도 입에서 맴도는 '아르키메데스의 원리'를
발견한 대학자가 태어나 자란 도시라는 얘기에 처음 방문한 시라
쿠사가 갑자기 정겹게 느껴졌다. 분수대 중앙에는 아르테미스 여
신이 아름다운 자태를 뽐내고 있고 그 주위로 여신의 시녀인 아
레투사와 그녀를 쫓아 이곳까지 따라온 강의 신 알페이오스가 바
짝 뒤에서 물살을 가르고 있었다.

코린토스인들이 기원전 8세기 건설한 그리스 최초의 식민 도
시인 이곳은 최전성기에는 아테네를 능가하는 문화적 번영을 누
렸던 곳이다. 그래서 시칠리아의 어느 도시보다 고대 그리스 유
적이 많이 남아 있는 지역이다. 이 도시의 가장 큰 매력은 내륙에
위치한 신시가지와 오르티지아섬에 있는 구시가지가 각기 다른

패턴의 유적을 간직하고 있는 것이다.

작은 다리를 건너 구시가지가 있는 오르티지아섬으로 들어갔다. 차는 들어갈 수가 없어 입구에서 모두 내렸다. 꼬불꼬불 미로같은 좁은 길을 따라 찾아간 식당은 간판을 양쪽 건물 사이 높이 걸어놓아 멀리서도 눈에 띄었다. 돌과 대리석으로 건축한 천정이 높은 식당에서 위압적인 중세의 성 분위기보다는 아늑함과 현대적인 감각을 느낄 수 있었던 것은 파티션처럼 연출한 아치 장식 덕분이었다. 시칠리아에서의 식사는 모두 훌륭했지만 특히 이 식당에서 먹었던 점심은 어느 것 하나 모자람이 없을 만큼 입맛에 딱 맞아 두고두고 기억에 남는다.

아테나 신전 터에 세워진 화사한 대성당

식사 후 걸어왔던 반대 방향으로 나가니 구시가지 중심 광장이 나왔다. 건물 그림자에 가려 그늘졌던 골목길에서 나왔을 때 가장 놀랐던 것은 갑자기 주위가 밝아지면서 느꼈던 눈부심이었다. 시칠리아의 각 도시에서 만났던 두오모 광장 중 가장 단아한 아름다움과 격조 높은 화려함을 보여주고 있었다.

대성당은 물론이고 광장 바닥까지 상아색 대리석으로 치장한 모습은 오전에 방문했던 온통 잿빛인 에트나 화산과 너무나 대조

- 아테나 신전이 있었던 자리에 기존의 기둥을 그대로 살려서 재건축한 시라쿠사의 바로크식 성당. 정면 기둥은 코린토스식이고 옆면은 아테나 신전의 도리아식 기둥을 없애지 않고 그대로 보존했다. 화사한 대리석을 사용해 광장을 더욱 밝게 해준다.

시칠리아

적으로 다가왔다. 광장에서 가장 눈에 띄는 건축물은 화려한 바로크 양식의 대성당이다. 기원전 5세기 도리스식으로 건축된 아테나 신전 터에 세워진 성당은 1693년 대지진으로 폐허가 됐지만, 무너지지 않은 기둥을 살려서 파사드를 재건축한 것이 현재의 대성당이다.

파사드는 건물 정면에 모든 장식이 집중된 바로크 건축의 특징을 잘 보여주고 있었다. 그리스 고전 건축양식 중 가장 화려한 코린토스식 주두와 대성당의 기둥머리 장식만 비교해도 그 차이점을 알 수 있다. 전자가 기둥 위에 아칸서스 꽃잎 모양 장식을 단아하게 올려놓은 것과는 달리 후자는 꽃무늬를 3단으로 올리고 그 위에 또 정교한 작은 조각을 올려놓았다. 이 한 가지 비교만으로도 바로크 양식에서 지향하는 화려한 장식에 얼마나 많은 정성과 기교를 담아 건축물을 완성하는지 알게 된다. 그러나 과유불급이란 사자성어처럼 너무 많은 장식은 통일성이 없고 간결미를 떨어뜨려 눈을 어지럽게 한다. 카타니아 두오모 광장에 있는 대성당을 처음 봤을 때 느낌이다. 하지만 시라쿠사 대성당은 균형과 조화를 중시하는 그리스 건축의 문법을 크게 거스르지 않았다.

루첼라이 정원의 산책자들

카라바조의 성녀 루치아 그림에 관광객 몰려

성당 내부에는 시라쿠사에서 태어난 성녀 루치아 상이 모셔져 있다. 고등학교 음악 시간에 정확한 뜻도 모르고 '술 마레 루치카' 로 시작하는 나폴리 민요 〈산타 루치아〉를 열심히 불렀던 기억이 새롭다. 생각해보니 베네치아 역이름도 산타 루치아다. 죽음의 공포 앞에서도 신앙심을 잃지 않았던 그녀는 잔다르크처럼 화형 당한 후 성녀의 반열에 올랐고, 순교한 12월 13일을 기려 이곳에서 일 년 중 가장 큰 축제가 열린다고 한다. 축제일에 대성당 안에 모셨던 산타 루치아 동상을 높이 들고 행진을 하면 온 마을 사람들이 이곳 광장으로 나와 루치아 성녀에 대한 경배를 하는 축제란다.

광장 모퉁이에 성녀 루치아에 헌정한 성당이 있다. 규모나 화려함에서는 대성당에 못 미치지만, 이 성당이 중요한 이유는 전 세계에서 온 수많은 관광객이 꼭 보고 가는 한 점의 그림 덕분이다. 그것은 바로크 미술의 거장 카라바조가 그린 〈성녀 루치아의 매장〉이다. 카라바조 책을 출판한 김상근 교수의 강의를 요약하면, 그는 빛과 그림자의 대비를 극적으로 표현한 이탈리아 초기 바로크시대의 대표 화가이다. 이 그림에서도 빛은 어둠을 더 어둡게 하고, 어둠은 빛을 더 빛나게 만드는 그 극명한 대비 덕분에 전설로 남게 됐다고 한다.

하지만 그림에서 발했던 천재적인 재능과는 대조적으로 그의 사생활은 악행으로 점철됐다. 급기야 살인까지 저지르고 몰타섬에서 도망쳐 시라쿠사에 살고 있던 옛친구를 찾아 이곳에서 도피 생활을 한다. 천재 화가가 시라쿠사에 머물렀던 기간은 길지 않지만 그가 남긴 흔적은 400여 년이 지나서도 이 도시를 시칠리아에서 가장 사랑받는 관광지로 만드는 데 일조한 셈이다. 그가 이탈리아 국민으로부터 큰 사랑을 받았다는 확실한 증거는 구 이탈리아 화폐 리라의 두 번째로 큰 단위 100,000리라 지폐에 카라바조의 초상화가 들어있는 것만 봐도 알 수 있다.

성당 옆에 숨어 있는 '아레투사의 샘'

산타 루치아 성당 옆 골목으로 나가니 해변 산책로와 이어진 비탈길 중간에 철책이 세워진 난간 아래로 연못이 보였다. 신화와 관련된 이야기를 모른다면 그냥 지나치기 쉬운 평범한 연못이 '아레투사의 샘'이다. 신기한 것은 바로 산책로를 사이에 두고 아랫길은 바다이고 샘에 고여 있는 물은 민물이라고 한다. 아레투사는 오비디우스의 《변신 이야기》에 나오는 물의 요정으로 아르테미스 여신의 시녀다. 어느 날 너무 더워 옷을 벗고 목욕을 하고 있는데 이 모습을 지켜본 강의 신 알페이오스가 그녀를 쫓아왔

- '아레투사의 샘' 연못 위에 자라고 있는 식물은 고대 이집트에서 종이를 만들 때 사용했던 파피루스다.

다. 놀라서 옷도 못 입고 엘리스까지 도망쳤지만 강의 신은 포기하지 않고 계속 따라왔다. 절박한 순간 여신에게 부탁해 시라쿠사까지 도망쳐서 샘이 되었다고 한다.

난간 아래 한쪽 벽에는 담쟁이가 자라고 있었고, 맞은편 연못 위에는 특이한 모양의 식물이 자라고 있었다. 엉겅퀴꽃을 뒤집어 놓은 듯한 모습을 한 갈대류의 식물은 고대 이집트에서 종이를 만드는 원료로 사용했다는 야생 파피루스다. 아레투사의 모험담을 종이에 글로 써서 남기고 싶었는지, 몽실몽실한 수초 군락이 연못을 뒤덮고 있었다. 멀지 않은 곳에 도망치는 아레투사와 쫓아가는 알페이오스를 형상화한 조각이 있었다. 스토커를 피해 도망치다 끝내 샘이 되어버린 아레투사의 피눈물 나는 이야기와는 상관없이 두 선남선녀는 마치 "나 잡아봐라"하는 사랑놀이를 하고 있는 것처럼 보였다.

가장 위대한 반전 연극 〈트로이의 여인들〉

오후 일정을 서둘러 끝냈던 것은 시라쿠사 여행의 하이라이트인 고대 그리스 극장에서 에우리피데스의 비극 〈트로이의 여인들〉 공연 관람을 위한 사전 학습 때문이었다. 미리 공부했던 내용을 간략하게 정리하면 이렇다.

에우리피데스는 고대 그리스의 3대 비극 시인인 아이스킬로스, 소포클레스 뒤에 아테네에서 출생했다. 그가 비극 작가로 데뷔했던 기원전 455년은 두 번에 걸친 페르시아 대제국과의 전쟁에서 승리를 이끈 아테네가 폴리스 중 선두를 지키며 문화적으로 가장 번성했던 시기였다. 하지만 생애 후반부에 일어난 펠로폰네소스 전쟁(기원전 431~기원전 404)은 비극 시인이 자신의 폴리스에 가졌던 도덕적 자부심을 여지없이 무너뜨리는 계기가 됐다.

아테네는 내전에서 중립을 지키며 스파르타와 싸우기를 거부했던 멜로스를 무자비하게 공격했다. 남자들은 모두 죽이고 여자들과 아이들은 노예로 삼았다. 조국의 이런 야만적인 행동을 목격한 에우리피데스는 큰 충격을 받았다. 도덕적으로 우위에 있다고 생각했던 아테네는 더이상 문명국가가 아니었다. 〈트로이의 여인들〉에서 그는 자신이 목격한 전쟁의 폭력성과 야만성을 처참하게 짓밟힌 약자의 시선으로 심도 있게 그려냈다. 승리한 그리스가 트로이를 불태우고 떠나기 전 마지막 몇 시간의 이야기를 다루면서 전쟁의 참혹한 상황과 전쟁에서 살아 남았지만 패전 국민으로서 전리품으로 전락한 트로이 왕실 여인들의 비극적인 상황을 재현했다. 이로써 이 작품은 인류 연극사에서 가장 위대한 반전 연극 중 하나로 손꼽히게 된다.

전쟁에서 이긴 기념으로 가지는 전리품이 여성들이라니. 하지만 21세기 현대에도 인권을 박탈당한 채 살아가는 많은 여성이 지구촌 곳곳에 존재하는 것이 사실이니 3,000여 년 전에 이런 일이 일어났다는 것이 그렇게 놀랄만한 일은 아닌 것 같다. 그리스 총사령관 아가멤논은 가장 어린 카산드라 공주를 택했다. 메넬라오스는 원래 자신의 아내였던 헬레네를 선택했다. 트로이 전쟁에서 가장 큰 공을 세운 오디세우스는 헤카베 왕비를, 그리고 아킬레우스의 아들 네오프톨레모스는 트로이의 영웅으로 아킬레우스와의 일전에서 목숨을 잃은 헥토르의 부인 안드로마케를 전리품으로 골랐다. 짧은 시간에 2,500여 년 전 고대 그리스 비극 시인 에우리피데스가 쓴 희곡을 다 이해한다는 것은 불가능했지만, 전쟁은 그 어떤 명분으로도 합리화될 수 없다는 메시지만은 분명히 파악할 수 있었다.

돌산을 통째로 깎아 만든 야외극장서 공연

여유 있게 공연 시작 2시간 전에 신시가지에 있는 고고학공원으로 출발했다. 공원에는 시라쿠사의 역사적 유적지들이 모여 있기에 고고학지구로 불린다. 이곳에서 그리스 극장 다음으로 유명한 '디오니시우스의 귀'로 불리는 동굴을 찾았다. 높이가 23미터나 되는 이 인공동굴은 입구가 사람의 귀를 닮았다고 해서 이름 붙인 동굴이다. 내부에서는 소리가 증폭되는 현상이 일어나는데, 이곳을 다스렸던 독재자 디오니시우스가 반대파를 가두고 쿠데타 계획과 비밀을 엿들었다는 일화에서 붙인 이름이라고 한다. 동굴 안은 무척 넓고 시원해서 더위를 식히기에 충분했다.

고대 야외극장에서 난생처음 그리스 비극을 본다는 설렘에 기다림이 전혀 지루하지 않았다. 공연 티켓을 받아 들고 그리스 극장으로 향했다. 둘러본 극장은 2,500여 년의 세월이 무색할 정도로 좋은 상태였다. 석회암 암산을 통째로 마치 돌을 조각하듯이 위에서부터 아래로 깎아 만든 붙박이 돌좌석 극장은 오랜 세월의 풍파에도 꿋꿋이 살아 오늘날까지 거의 온전하게 남아 있었다. 암산을 통째로 다듬어 야외극장을 만든 고대 그리스인들의 스케일과 극장 사랑에 감탄이 절로 나온다. 돌계단 위에 얹어놓은 방석은 좌석을 구분해주는 용도 외에도 연극 공연 동안 편하게 자리에 앉을 수 있는 쿠션 역할을 톡톡히 해주고 있었다.

연극 시작 전 객석에서 바라본 무대는 뛰어난 전망을 선사하고 있었다. 하늘을 향해 곧게 뻗은 사이프러스와 소나무 숲 뒤로 바다가 아름답게 펼쳐져 있었다. 고대 그리스 시대에는 극장도 신에게 다가가는 하나의 길이었다고 한다. 그래서 아테네 시민들은 해마다 디오니소스 축제 때면 비극을 보러 극장으로 몰려들었나 보다. 야외극장은 어느 좌석에서도 무대가 가리지 않고 잘 보이는 완벽한 구조였다. 조명이 켜지고 극이 시작되면서 서산에 해도 뉘엿뉘엿 기울고 작렬하던 태양의 열기도 한풀 꺾이며, 3,000여 년 전으로 여행을 떠났다.

무대장치 없어도, 대사 뜻 몰라도 충분히 공감

특별한 무대장치 없이 큰 통나무를 기둥처럼 세워놓은 설치물이 폐허로 모든 것이 사라져버린 트로이 왕국을 말해 주고 있는 것 같았다. 극 시작부터 끝까지 무대를 휘어잡았던 사람은 헤카베 역의 노련한 배우였다. 세월의 흔적을 그대로 담은 노련함과 지혜 거기다 톤이 낮은 목소리는 청중들의 시선을 사로잡기에 충분했다. 헤카베의 목소리 톤은 우리나라 연극배우 박정자를 떠올리게 했다. 오랜 세월 이어져 온 찬란한 부와 영화도 모두 사라져 버렸노라 한탄하는 그녀에게 코러스도 옛날의 번영했던 트로이를 노래했다. 이탈리아어로 하는 연극 대사를 이해할 수는 없었지만, 때로는 그 언어를 몰라도 느낌으로 더 잘 전달되는 경우도 있다는 것을 그날 그리스 비극을 보며 깨닫게 됐다.

헤카베의 딸 카산드라는 광기 어린 역할을 혼신의 힘을 다해 보여주었다. 객석과 무대를 오가며 펼치는 연기를 보고 있자니 이 연극이 끝난 후 카산드라 역에서 헤어나지 못하면 어떡하나 하는 쓸데없는 걱정까지 들 정도였다. 트로이 남자 중 유일하게 살아남은 헤카베의 어린 손자 아스티아낙스를 기어이 안드로마케의 손에서 뺏어 간 그리스 병사가 성 위에서 어린 소년을 던져 죽이면서 승자의 야만적인 만행은 극에 달한다.

그리고 남은 문제적 여인 헬레네가 메넬라오스와 그리스 병사들에게 끌려 나온다. 무대에 등장한 여인 중 유일한 그리스 여인으로, 그녀의 표정 어디에서도 다른 여인들처럼 가슴이 무너질 듯한 슬픔이 없는 여인이다. 우리 모두 잘 알고 있는 트로이 전쟁의 직접적 원인을 제공한 장본인이다. 그런데 그녀가 말하는 재앙의 원인은 모두 다른 사람에게 있다. 결론적으로 헬레네는 자신의 죄는 오직 너무 아름답다는 죄 그것 한 가지밖에 없다는 얘기다.

이 대사는 〈시네마 파라디소〉의 영화감독 쥬제페 토르나토레가 2000년에 발표한 영화 〈말레나〉에서도 나오는 대사다. 전쟁 중 적국인 독일군 장교와 정을 통했다는 이유로 종전 후 마을 여자들에게 폭행을 당하고 머리를 깎인 후 고향을 떠났지만 전쟁에서 살아 돌아온 그녀의 남편은 말레나를 찾아 다시 고향으로 데려온다. 유부남과 간통을 했다는 죄명으로 법정에 선 그녀를 위해 변호사는 "말레나의 유일한 죄는 아름답다는 것뿐이다"라고 변호해 무죄를 받아낸다.

그리고 마지막 장면에서 고향에 돌아온 후 처음으로 시장에 간 말레나를 향해 처음에는 모든 사람이 그녀를 외면하지만, 누군가의 "본죠르노"를 시작으로 시장의 여인들은 말레나에게 모두 인사를 건넨다. 양손 가득 장바구니를 들고 멀어져가는 말레나를 보여주는 것으로 영화가 끝난다. 그녀는 헬레네처럼 남편과 마을 사람 모두에게 용서를 받고 다시 아무 일 없었다는 듯 일상을 살아가겠지…….

이 영화를 보면서 감독이 그리스 신화 속 여인 헬레네를 염두에 두고 만든 영화가 아닐까 하는 생각이 들었다. 그런데 만약 여성 감독이 이런 영화를 만들었다면 다른 시각에서 영화를 만들지 않았을까. 에우리피데스도 토르나토레 감독도 모두 남성이니 여성의 입장과는 괴리감이 있는 것이 사실일 것이다.

4개월 전 그리스 여행 때 가졌던 가장 큰 아쉬움은 디오니소스 극장이 공사 중이라 아크로폴리스 위에서 철조망 너머로 잠깐 볼 수밖에 없었는데, 시칠리아의 첫 번째 그리스 식민도시인 시라쿠사 고대 그리스 극장에서 비극 공연을 보면서 그 아쉬움을 달랠 수 있었다. 연극이 공연되는 동안 점점 어둠이 내리고 이오니아해도 짙은 암흑 속에 묻혔지만, 연극이 끝난 후 배우들을 향해 보냈던 관객들의 뜨거운 박수는 그들의 수고를 모두 상쇄하고도 남을 것 같았다. 시라쿠사에서 2019년 6월 어느 저녁 고대 그리스 극장에서 에우리피데스의 〈트로이의 여인들〉 연극을 관람한 것은 내 생애 두고두고 잊지 못할 큰 추억으로 남았다.

서울에서 만난 창극 〈트로이의 여인들〉

시칠리아 여행을 끝내고 돌아와, 2020년 국립극단에서 하는 창극 〈트로이의 여인들〉 앙코르 공연을 다시 볼 기회가 왔다. 예전에도 몇 번 공연 소식은 알고 있었지만 창극과 그리스 비극의 조합은 왠지 불협화음일 것 같아 볼 생각을 안 했는데, 시칠리아 여행 후 생각이 바뀌었다. 과연 기원전 5세기의 그리스 비극을 어떻게 한국의 독창적인 창극으로 공연을 할 수가 있는지 궁금했다.

더구나 싱가폴 출신 연출가가 만든 작품이라니 호기심이 갔다.

창극은 판소리를 하는 소리꾼 즉 배우 한 명에 각 악기가 반주를 넣는 컨셉으로 진행됐다. 헤카베는 거문고, 카산드라는 대금, 안드로마케는 아쟁 그리고 가장 특이했던 것은 헬레네 역은 젊은 남자 가수가 여장을 하고 나와서 피아노 반주에 맞춰 노래를 불렀다. 극이 다 끝난 후 가진 청중과의 인터뷰에서 연출자의 생각을 들을 수 있었다.

출연자는 모두 트로이 여인들인데 오직 한 명 헬레네만이 그리스 여인이기 때문에 뭔가 좀 별난 장치로 나머지 출연자들과 다른 점을 부각하기 위해 이런 장치를 했다고 한다. 연극이 진행되는 동안에는 연출자의 의도를 잘 몰라서 좀 안 어울리는 조합이라고 생각했는데, 감독의 의도를 알고 나니 썩 나쁘지만은 않았던 것 같다.

싱가폴 출신 감독이 가장 역점을 뒀던 부분도 역시 반전 메시지였다. 이 전쟁에서는 승자도 패자도 없이 모두 다 패자다. 3,000여 년이 지난 현재도 세계 각국에서 명분 없는 전쟁을 벌이고 있다니 놀랍다는 메시지는 우리 모두가 새겨들어야 할 무거운 주제인 셈이다.

화합을 꿈꾸는 콩코르디아 신전

● 추락한 이카루스 청동상 뒤로 콩코르디아 신전이 보인다.

시라쿠사보다 더 낯선 이름의 아그리젠토로 가는 날 아침엔 특별한 기대가 없었다. 바로 전날 저녁 야외극장에서 그리스 비극을 관람했던 감동이 다음 날 아침까지도 계속됐기 때문이다. 앞으로 남은 일정에서 그리스 비극 공연보다 더 그리스적인 것이 또 뭐가 있을지 상상하기 힘들었다. 당연히 큰 기대감도 없었다. 게다가 그날의 일정은 섬 동남부 시라쿠사에서 남쪽에 있는 아그리젠토로 가기 위해 서쪽으로 갔다가 다시 동북 해안 도시 타오르미나로 거슬러 올라가는 조금 무리해 보이는 스케줄이었다. 그래서 아그리젠토는 점심 식사 후 잠깐 들렀다 가는 유적지 정도로만 생각했다.

'인간이 만든 가장 아름다운 도시'로 불려

하지만 이런 무지한 생각은 고고학적으로 정말 중요한 위치를 차지하고 있는 고대 그리스 식민도시에 대한 무례함이었다. 지금은 인구 5만 명의 작은 도시에 지나지 않지만 기원전 5세기 전성기 때는 인구수가 20만 명에 달했다고 하니 이 고대 도시의 위상을 충분히 짐작할 수 있다. 시라쿠사 다음으로 번영했던 고대 도시. 그래서 고대 그리스의 서정시인 핀다로스는 이곳을 '인간이 만든 가장 아름다운 도시'로 찬양했다고 한다.

2시간 남짓 달려 도착한 아그리젠토에서 점심 식사 장소로 이동하기 위해 버스에서 내리는 순간 우리 일행을 가장 먼저 맞아주었던 것은 북아프리카에서 실려온 시로코 바람에 뜨겁게 달궈진 지中海의 후끈한 열기였다. 시칠리아섬에서 아프리카 대륙과 가장 가까운 곳, 고대 카르타고가 있었던 튀니지의 수도 튀니스까지의 직선거리는 서울과 부산 간 거리보다 더 가깝다.

소설가 김영하가 시칠리아 여행기에 썼던 것처럼 삼각형 모양의 시칠리아섬은 세 바다를 바라보고 있는데, 각 도시는 그 바다를 닮았다. 가까운 거리만큼이나 이곳의 날씨도 아프리카 대륙을 닮았다. 한국에서는 여름 한낮의 이런 날씨에는 당연히 실내에서 식사를 했겠지만, 정원의 아름드리 나무가 충분히 시원한 그늘을 만들어주는 야외에서 먹은 점심도 좋은 추억으로 남았다. 와인

한잔에 기분 좋은 나른함이 졸음을 재촉하는 듯 눈꺼풀이 저절로 내려왔다. 추위보다는 더위를 더 못 견디는 나는 그냥 한숨 자면 소원이 없을 것 같았다.

하지만 이런 내 마음을 눈치라도 챈 듯 여행가이드는 열심히 맞은편 언덕 너머 산등성이 쪽의 '신전의 계곡'이란 곳을 가리키며 수많은 그리스 신전이 기다리고 있으니 이제는 일어나야 할 시간이라고 일깨워주었다. 저 높은 곳에 무언가 매혹적인 것들이 기다리고 있을 것 같은 기대감에 파라솔과 선글라스를 부지런히 챙겼다.

2,500년 세월을 비껴간 듯 온전한 형태

'신전의 계곡'은 계곡이 아니라 완만하게 경사져 내려오다 생긴 고원지대다. 280만 평에 달한다는 이 드넓은 고원지대에 고대 그리스인들은 신전 약 20개를 세워 신들의 집단 거주지를 만들었단다.

언덕길은 사방이 탁 트여 보이는 것은 신들이 살던 들판밖에 없다. 언덕 여기저기 흩어져 있는 신전을 찾아가는 길에는 시원하게 뚫린 포장도로가 펼쳐진다. 그 양쪽으로 초록빛 농경지가 있고, 주변은 올리브 나무와 아몬드 나무가 많이 있는 과수원이다. 2월에는 그 해의 첫 번째 아몬드가 열리는 것을 축하하는 아몬드 축제가 열린다고 한다. 신전의 계곡 남쪽 끝에 있는 낭떠러지 위에는 식민도시 시절 쌓은 성벽의 흔적이 드문드문 남아 있다. 지금은 무너진 곳이 많은데 그 사이로 코발트빛 지중해가 아스라이 눈에 들어온다.

'신전의 계곡'이라는 이름에서 무언가 신비스러운 풍경을 상상하고 있을 때 갑자기 눈앞에 불쑥 나타난 콩코르디아 신전은 놀라움 그 자체였다. 사막의 오아시스까지는 아니더라도 냇물이 흐르고 신선이 살 것 같은 계곡 풍경을 상상하고 있었는데, 신전이 우뚝 서 있는 곳은 거의 허허벌판이나 다름없는 고원지대였다.

예상 밖의 장소에서 갑자기 나타난 신전은 어디선가 많이 본 익숙한 형태인 것 같으면서도 또 몹시 낯설었다. 그 익숙함은 유네스코 로고로 쓰는 육주 기둥의 그리스 도리스식 신전에서 많이 봐왔던 모습이었고, 또 다른 낯설음은 햇빛에 반사되는 하얀빛의 대리석이 아닌 황톳빛 흙 색깔이 주는 어색함이었다. 아테네의 파르테논을 연상시켰지만 거의 완벽한 외관을 유지하고 있는 신전의 모습에서 오랜 세월의 흔적을 찾기는 어려웠다. 그리스에서 주로 볼 수 있었던 흰 대리석으로 건축된 신전과는 완전히 다른, 마치 햇볕에 잘 그을린 구릿빛 피부를 연상시키는 콩코르디아의 흙빛은 경이롭기 이를 데 없었다. 그리스 신전은 원래 완전무결함을 상징하는 흰 대리석으로 건축해야 하지만, 시칠리아에서는 그런 대리석을 구할 수 없어 화산재와 모래가 섞인 응회암을 사용했기 때문이다.

콩코르디아 신전은 여러 면에서 파르테논과 비교된다. 거의 비슷한 시기에 건축된 신전인데 폐허 직전까지 가버린 아테네의 신전과는 달리 이곳의 신전은 2,500년 전의 건축물이라고 믿기 어려울 정도로 기단과 기둥은 물론 지붕까지 거의 완벽하게 건축 당시 모습을 그대로 간직하고 있다. 파르테논과 같은 도리스 양식으로 축조된 콩코르디아는 6주식 원주에 측면 13개 전체 34개 기둥으로, 전체 46개 기둥을 가진 파르테논보다 크기는 좀 작지만, 시칠리아에서 온전히 남아 있는 신전 중에서는 가장 큰 규모를 자랑하고 있다.

거의 폐허로 남아 있는 파르테논 신전을 4개월 전 아테네에서 직접 보고 왔기에, 건축 연도가 불과 2년 차이밖에 나지 않는 콩코르디아 신전의 보존 상태가 기적처럼 느껴졌다. 그 형상으로는 지붕을 제외한 신전 어느 부분에서도 서기 430년부터 지금까지 거쳐온 2,500년이라는 장구한 세월을 찾기 어렵다. 그 비결은 6세기에 외형에 전혀 손을 대지 않고 그대로 교회로 사용했기 때문이라고 한다. 고대 그리스 신을 기리기 위해 건축했던 신전에서 기독교를 믿었던 신자들이 예배를 드렸던 덕분에 건축물이 원형을 최대한 유지할 수 있었다고 하니 신앙의 자유를 보장한 포용성이 신전을 살린 셈이다.

신과 인간, 여러 민족의 화합을 기원하는 이름

계곡 명칭만큼 이 신전의 이름도 예사롭지 않다. 신에게 바치는 건축물인데 특정한 한 신만을 지칭하지 않고 '화합'이라는 의미의 콩코르디아라는 이름이라니. 기원전 6세기경 그리스의 로도스섬과 크레타섬에서 온 그리스인들이 건설한 것으로 알려진 이곳은 고대에는 이 평원을 흐르던 아크라가스강의 이름을 따 아크라가스라 불렸다. 살던 고향을 떠나 이곳으로 온 고대 그리스인들은 신과의 접점을 가장 중요시했던 것 같다. 그래서 이름도 신과의 화합을 잘 이룰 수 있도록 해달라는 의미에서 콩코르디아로 작명하지 않았을까.

파리에도 화합을 기원하는 광장이 있다. 샹젤리제 대로에서 일직선으로 이어지는 콩코드 광장은 프랑스혁명 내 기요틴이 설치됐던 곳이다. 자코뱅당과 대립했던 유명한 혁명 시인 앙드레 셰니에도, 혁명의 지도자였던 로베스피에르도 아이러니하게도 모두 혁명이라는 미명 아래 이 광장에서 형장의 이슬로 스러졌다. 이런 피로 얼룩진 공포정치를 끝내고 죄없이 죽어간 수많은 영혼이 남긴 아픈 역사를 교훈으로 삼고 심기일전하자는 의미에서 옛 이름을 버리고 '콩코드'로 새롭게 태어난 공간이다.

프랑스와 영국이 영토 분쟁으로 116년간 전투를 벌였던 백년전쟁은 세계사에 기록될 만큼 두 나라는 오랜 라이벌이었다. 백년전쟁에서 시작된 나쁜 감정을 잊고 새롭게 출발하는 의미에서 영국과 프랑스가 합작으로 만든 세계 최초의 초음속 여객기에 '콩코드'라는 이름을 붙였다. 여러 가지 비효율성 때문에 이 비행기는 지금은 사라졌지만 두 앙숙의 화해라는 좋은 취지에서 탄생한 것이었다.

여전히 생동감 있는 청동상 '추락한 이카루스'

콩코르디아 신전의 이미지를 확실하게 해주는 또 한 가지 오브제는 무심히 버려진 듯 신전 앞에 만들어 놓은 '추락한 이카루스' 청동상이다. 처음 보면 좀 부자연스럽다는 느낌도 있지만 시간이 지날수록 콩코르디아 신전을 배경으로 이카루스 청동상과 함께 찍은 사진은 볼 때마다 새로웠다. 마치 루브르 박물관 앞의 유리 피라미드처럼 고대와 현대의 만남이 시간이 지날수록 그곳의 랜드마크가 된다고나 할까.

이 식민도시를 건설했던 선조인 크레타인들이 살았던 섬의 라비린토스 궁전에서 아버지 다이달로스가 만들어준 밀랍 날개를 달고 훨훨 날았던 이카루스는 태양에 너무 가까이 가지 말라는 아버지의 충고를 잊고 과욕을 부리다 날개가 녹아내리면서 바로 여기로 추락했다. 추락했을 때의 충격으로 이카루스의 두 다리 모두 무릎 아래는 없다. 그리고 한쪽 팔꿈치로 비스듬히 누워 있는 포즈는 마치 아직까지 생명력이 있는 것처럼 보인다.

이 멋진 청동상은 2011년 이곳에서 조각 전시회를 가졌던 세계적인 폴란드 조각가 이고르 미토라이가 전시회를 마치고 이곳에 헌정한 작품이다. 안타깝게도 그는 전시회 3년 후인 2014년 타계했지만, 이곳에서 올림포스 12신과 함께 영생을 누리고 있는 셈이다.

주변 경관이 빼어난 헤라 신전

콩코르디아 다음으로 보존 상태가 좋은 신전은 34개 기둥 중 25개가 남아 있는 헤라 신전이다. 우리나라에서 집을 고를 때 가장 선호하는 방위는 남향인 데 반해, 그리스 신전들은 모두 동쪽을 향하고 있다. 그 연유는 아침에 떠오르는 태양의 붉은빛을 생명의 근원이라 여겼기 때문이다. 그렇다면 신 중의 신 제우스를 모시는 신전이 이 언덕의 가장 동쪽에 자리했어야 할 것 같은데, 구릉 가장 높은 곳에서 아래를 굽어보고 있는 동쪽 끝에는 헤라 신전이 남아 있다. 신전의 계곡에서 가장 완벽한 외관을 보존하고 있는 콩코르디아가 제일 빼어나긴 하지만, 주변 경관은 출산과 가정사를 관장하는 여신에게 축복을 내리는 듯 더 풍성하고 아름답다.

측면 13개 기둥이 모두 남아 있는 뒤편으로 수령을 알 수 없는 올리브 나무와 아몬드 나무, 선인장 그리고 이름 모를 야생화들이 메마른 대지에 활기를 주고 있었다. 소나무가 수령이 가장 긴 나무인 줄 알았는데 그게 아니었다. 건조한 지역에서도 끈질긴 생명력을 보여주는 올리브는 뿌리를 땅속으로 깊이 내릴 수 있어 극히 적은 강수량으로도 오래 살아갈 수 있다. 수령이 긴 나무는 1,000년까지도 산다고 한다. 아테네인들이 포세이돈이 아닌 아테나를 수호신으로 선택했던 것은 현명한 판단이었다. 해발 130미터의 높은 고원지대에 세워진 신전의 계곡을 여름에 방문하는 것은 정말 힘들지만, 그래도 군데군데 올리브 나무가 시원한 그늘을 만들어주니 견딜 만했다.

기원전 480년 아크라가스와 시라쿠사가 연합하여 카르타고를 격파한 히에라 전투의 승리를 기념하기 위해 지었다는 제우스 신전은 가장 큰 규모로 건축됐다고 하는데 지금은 폐허가 돼 어마어마한 돌무덤으로만 남아 있다. 돌무더기 사이로 거대한 모조품 텔라몬이 누워 있다. 텔라몬은 그리스 건축에서 기둥 역할을 하는 인간상이다. 아테네에서 봤던 에렉테이온 신전의 기둥은 어여쁜 소녀 형상을 한 카리아티드로 건축했는데, 제우스 신전은 텔라몬이라 불리는 남성 기둥으로 건축했다. 머리로 기둥을 받치는 소녀상 카리아티드와 달리 텔라몬이라 불리는 이 거인 조각상

● 제우스 신전 지붕을 받쳤던 인간 기둥 텔라몬이 누워 있는 뒤로 아그리젠토 주택가가 보인다.

은 두 팔로 지붕을 받치는 모습을 하고 있는데, 진품은 고고학박
물관에 전시돼 있다. 현재는 비록 주춧돌 정도가 남아 있지만, 고
대에 세워진 가장 큰 신전 중의 하나였다. 신전 기둥을 받쳤던 거
인 조각상의 크기가 약 8미터 정도였다고 하니, 그 엄청난 규모를
짐작할 수 있다.

　전시장에 우뚝 서 있는 텔라몬을 볼 수 있었으면 더할 나위 없
었겠지만, 무너진 돌무덤 가운데 누워 있는 복제품 텔라몬으로도
그 압도적인 위상을 확인할 수 있었다. 얼마 전 외신에 따르면 수
세기 동안 방치돼 있던 거대한 텔라몬 조각상이 조만간 제우스
신전 앞 제자리를 찾아 세워질 것이라고 하니 상상만으로도 그

크기와 세월에서 오는 위엄을 느낄 수 있을 것 같다.

헤라클레스 등 제우스 아들을 기리는 신전도

제우스 신전 근처에는 모두 그의 자식들을 기리는 신전이 있다. 고대 그리스 최고의 영웅인 헤라클레스는 이곳에서도 헤라의 눈을 피해 아버지 근처에 자리하고 있다. 출생 때부터 험난한 역경을 딛고 세상에 나온 헤라클레스. 자신이 배 아파 낳은 자식들보다 제우스가 바람피워 나온 서자들이 더 훌륭해서 열등감이 있었던 헤라의 눈총을 견디다 못해 미치기 직전까지 간 헤라클레스는 12가지 과업을 잘 마치고 아버지 곁에 누웠다. 일렬로 늘어선 기둥 8개, 그것도 주두가 남아 있는 기둥은 4개에 불과하지만 그 자체로 아름답다.

꼭 기둥이 많다고 아름다운 신전이 아니라는 걸 증명하듯 디오스쿠로이 신전은 4개의 기둥만으로도 독특한 형태로 '신전의 계곡'에서 상징적인 존재가 되고 있었다. 우리나라 전래동화에도 우애가 좋은 형과 아우 이야기가 있듯이 그리스 신화에서 형제간의 우애가 좋기로는 카스토르와 폴뤼데우케스를 따라갈 수 없다.

형 카스토르가 먼저 죽자 아버지 제우스 신에게 자신도 형 옆으로 가게 해 달라고 부탁했단다. 형제의 우애에 감동한 제우스

● 제우스의 아들로 알려진 카스토르와 폴리데우케스를 기리는 신전이다.
스파르타의 왕 틴다레오스의 아내인 레다는 아름답기로 유명하다.
그녀에게 반한 제우스는 독수리에게 쫓기는 백조로 변신해 레다의 품에 안긴다.
백조와 잠자리를 가진 후 마침 돌아온 남편과도 동침 후 알 두개를 낳았는데,
거기서 태어난 것이 카스토르와 폴리데우케스 그리고 헬레네아 클뤼타임네스트리디.

신은 이들의 영혼을 하늘에 올려 나란히 두 개의 밝은 별로 만들었는데 그것이 바로 쌍둥이 별자리이다. 신전은 원래 형제의 이름으로 불렸다가 나중에 제우스의 아들을 의미하는 디오스쿠로이로 이름이 바뀌었다고 한다. 신전의 계곡에서 콩코르디아 못지 않게 유명한 것은 형제간의 우애가 화합을 잘 보여주고 있기 때문이 아닐까 하고 추측해 봤다.

시칠리아 여행에서 돌아온 후 유튜브에서 우연히 돌체앤가바

나 패션쇼를 보았다. 평소 같았으면 그냥 지나쳤겠지만, 바로 신전의 계곡에 있는 콩코르디아 신전에서 열렸던 패션쇼는 아직 추억의 단꿈에서 깨어나지 못한 여행자의 마음을 사로잡기에 더할 나위 없었다. 석양이 질 무렵 붉게 물든 노을을 등지고 신전 뒤에서 조명으로 환히 주위를 밝힌 정면으로 걸어 나오는 올림포스 여신들의 차림을 한 모델들의 자태는 신전과 무척 잘 어울렸다.

신과 인간이 자연 속에서 조화롭게 화합을 이뤄나가는 곳, 이것이야말로 식민도시를 개척했던 고대 그리스인들이 신에게 바치는 신전을 짓고 그 이름을 콩코르디아라 명명한 이유가 아닐까. 고향을 버리고 서쪽으로 서쪽으로 노를 저어 지중해를 건너온 그리스인들은 산이 있고 바다가 내려다보이는 자신들이 살았던 땅과 비슷한 이곳에 정착해서 도시를 건설했다. 그리고 올림피아 산에서 살았던 열두 신을 이곳에서도 잘 모시고 싶었으리라. 시칠리아 출신 돌체앤가바나의 수석 디자이너 도메니코 돌체가 신들의 계곡에서 패션쇼를 진행한 컨셉이 바로 이런 것이었다고 추측하는 것은 나만의 상상일까. 그 옛날 신들을 모셨던 신전에서 2,500여 년의 세월이 흐른 후 인간들이 축제를 벌이는 광경은 경이롭기 이를 데 없었다.

해가 지고 하늘이 점점 석양빛에 물들면서 신전의 계곡에 어둠이 살포시 내려오니 맞은편 인간들이 살고 있는 마을에도 하나둘 불이 켜졌다. 신전의 계곡과 아그리젠토 시가지를 한눈에 담아 보니 마치 고대와 현대가 공존하고 있는 듯했다. 아무래도 이 식민도시를 건설했던 그리스인들은 시라쿠사나 타오르미나 개척자보다 욕심이 좀 많았던 것 같다. 한 명의 신이 아닌 열두 명의 신을 다 모시기 위해 20여 개의 신전을 한 장소에 같이 건축했다는 것은 도무지 불가사의한 일이다. 그리스보다 더 그리스 문명의 흔적이 많이 남아 있는 곳. 시칠리아 여행 일정에서 가장 짧은 시간 동안 방문했던 곳이었지만, 시간이 지날수록 더 기억이 또렷해지는 마력 같은 매력을 지닌 곳. 그것은 아마도 화합을 최고의 가치로 여기고 살았던 고대인들의 정신이 건축물에 그대로 살아 있기 때문일 것이다.

오렌지 향기는 바람에 날리고

- 2017년 G7 정상회담 식전 행사 콘서트가 이 극장에서 열렸다.
  그때 바다 위로 석양이 지는 모습은 괴테가 말한 '작은 천국'을 보여줬다.

냄새만큼 사람들을 과거의 추억 속으로 이끌어 주는 것도 없는 것 같다. 오랫동안 해외 생활을 한 동포들이 문득 고향을 떠올리게 되는 계기도 구수한 된장찌개 같은, 어린 시절 식탁에서 자주 먹었던 음식 냄새라고 하지 않던가. 시칠리아를 여행하는 동안 계속 내 코끝에서 맴돌았던 향기는 시로코(Siroco)라 불리는, 섬으로 불어오는 바람에 실려 날리는 이탈리아 오렌지 아란차(Arancia) 향이었다.

그것은 시칠리아 출신 사실주의 작가 조반니 베르가(Giovanni Verga·1840~1922)의 단편 소설 〈시골 기사도〉를 원작으로 피에트로 마스카니(Pietro Mascani·1863~1945)가 작곡한 오페라 〈카발레리아 루스티카나〉에 나오는 유명한 합창곡 〈오렌지 향기는 바람에 날리고〉 덕분이다. 시칠리아의 어느 시골 마을이 배경인 이 오페라는 주인공들이 비극 오페라에 주로 등장하는 영웅 또는 귀족 같은 고상한 신분 출신이 아닌 우리 주변에서 흔히 볼 수 있는 평범한 농촌 마을 사람들이기에 오히려 신선하다. 제목에서 풍기는 시골스러운 극 줄거리와는 대조적으로 극중 음악은 너무나 강렬하면서도 아름다워 들을 때마다 더욱 매력에 빠질 수밖에 없는 극적인 반전을 느끼게 된다.

비현실적 풍경을 자랑하는 '4월 광장'

'신전의 계곡'을 떠나 석양이 질 무렵 도착했던 타오르미나도 마스카니의 오페라 못지않게 반전의 묘미를 느낄 수 있는 매력적인 도시였다. 이전에 방문했던 카타니아나 시라쿠사와 나란히 이오니아 바다를 끼고 발달한 시칠리아 동부 해안 도시라는 공통분모가 있지만 타오르미나는 사뭇 다른 분위기를 풍겼다. 도시가 위치한 곳은 시칠리아섬이지만, 오히려 이탈리아 본토 서해의 아말피 해안선을 따라 발달한 포지타노나 아말피 같은 해안 도시 근처에 있어야 더 잘 어울릴 것 같았다. 그만큼 타오르미나는 고대 그리스 식민도시라는 이미지보다는 시칠리아의 다른 도시에서 찾기 어려운 세련미와 우아함을 보여주고 있어 마치 마스카니의 음악 같은 반전의 묘미를 느낄 수 있는 곳이었다. 바로 이런 점이 연중 사시사철 많은 관광객이 이곳을 찾아오는 매력임에 틀림이 없어 보였다.

생존만이 최대의 가치였던 그 시절 끊임없는 외세의 침입으로부터 살아남기 위해 타오르미나 주민들은 점점 더 높은 곳으로 올라가 성벽을 쌓았다. 역설적으로 더 높이 올라갈수록 자연이 선사하는 경관은 절정에 달했다. 이곳에서 가장 멋진 풍경을 감상할 수 있는 곳은 바로 중심가 움베르토 1세 거리에 있는 전망대 광장이다. 체크 무늬 대리석 바닥의 전망대 테라스에 발을 들여놓는 순간 세계 어느 미술관에서도 찾아볼 수 없는 아름다운 풍경화가 모습을 드러낸다. 바다와 하늘이 경계도 없이 펼쳐진 그곳에 도도하게 흰빛을 반사하며 단아한 모습으로 자리 잡은 에트나 화산까지 모든 자연이 한 캔버스 안에 들어온 것 같은 장엄한 경관에 누가 감동하지 않을 수 있을까. 1787년 5월 타오르미나를 찾았던 괴테도 《이탈리아 기행》에서 '작은 천국의 땅'이라고 예찬했다.

에메랄드빛 이오니아해 저편 이솔라 해변 쪽을 바라본 순간 강의 잔물결이 햇살 받은 물고기의 비늘처럼 눈부시게 반짝였다. 그 바닷가 어디선가 영화 〈그랑 블루〉의 엔조와 자크가 누가 더 깊이 잠수하는지 경쟁하는 모습이 눈에 선하다. 단테의 《신곡》에 나오는 천국이 바로 이곳과 닮은 모습이 아닐까. 이런 비현실적인 풍경을 선사하는 멋진 광장의 이름이 무엇일까 궁금했는데 의외로 그 이름은 '노베 아프릴레' 즉 4월 9일을 기리는 광장이다.

1860년 4월 9일은 이탈리아 통일운동의 선봉에 섰던 주제페 가리발디 장군이 '붉은 셔츠' 단원들과 함께 처음 시칠리아 서부 해안 도시 마르살라에 도착했던 역사적인 날이다. 오스트리아의 압제하에 있었던 이탈리아 북부와 달리 시칠리아는 나폴리 왕국과 함께 스페인 부르봉 왕조 지배하에 있었다. 시칠리아의 지도를 보면 왜 이곳이 거의 2,700여 년의 오랜 세월 동안 외세의 침략에 시달렸는지 이해가 간다. 그만큼 지정학적으로 중요한 위치에 있었기 때문이다.

이탈리아의 통일은 가리발디 장군이 시칠리아를 탈환하고 이어 나폴리 왕국까지 4개월 만에 정복함으로써 남부에서 먼저 이뤄졌다. 그 후 5년이 지난 1866년 베네치아가 오스트리아와의 전쟁에서 승리한 후 1870년 이탈리아군이 로마를 점령하면서 비로소 완전 통일을 이룩했다. 오늘날 가리발디 장군이 통일 이탈리아의 영웅으로 길이 추앙받는 것은 정복한 땅을 그 당시 나폴리 왕국과 사르데니아 왕국을 다스리던 비토리오 에마누엘레 2세에게 바쳤던, 사심 없는 애국자였기 때문이다.

만약 이순신 장군이 없었다면 대한민국은 지금 존재하지 않을지도 모르는 것처럼, 가리발디 장군이 아니었다면 이탈리아는 아직도 통일 국가를 이루지 못했을지도 모른다. 타오르미나를 찾는 관광객이라면 누구나 꼭 들르는 이 광장에 4월 9일이라는 기념비적인 숫자를 부여한 것은 큰 의미가 있다. 가리발디 장군이 이탈리아 통일의 첫걸음을 내디딘 곳이 바로 이곳 시칠리아섬이라는 것을 오래도록 기억하기 위해 타오르미나 사람들의 통일 희망을 새겨 광장 이름에 4월 9일을 붙였을 것 같다.

언제 또 이런 아름다운 자연경관을 볼 수 있을지 아쉬움을 뒤로 하고 광장에서 나와 다시 움베르토 중심가로 발걸음을 옮기면 거리 양쪽으로 끝없이 아름답고 시크한 부티크가 이어진다. 이곳에서는 지갑을 열지 않을 수가 없다. 타오르미나에는 관광객이 원하는 모든 것이 다 있기 때문이다. 길 양옆으로 끝없이 줄지은 상점 쇼윈도를 기웃거리며 저녁 식사 시간까지 남은 시간 동안 무작정 걸었다.

고대 그리스인들의 삶의 일부였던 '비극'

하지만 타오르미나에서 가장 중요한 하이라이트인 그리스 극장을 보기 전에는 절대 이 도시를 함부로 평가해선 안 된다. 코르소 움베르토를 지나 왼쪽으로 완만한 언덕을 올라가면 고대 그리스 극장이 나온다. 아침 일찍 서둘러 관광객들이 몰리기 전 개장 시간보다 좀 일찍 극장 입구에 도착했다. 개표소로 사용하고 있는 성벽 기둥도 예사로워 보이지 않았다. 살던 곳을 떠나 새로운 식민지를 개척했던 삶이 녹록하지는 않았을 텐데, 고대 그리스인들은 왜 이 높은 곳에 극장을 세웠을까 하는 의문이 일었다. 그들에게 극장은 생활의 한 부분이었을 것이 틀림없다. 비극 공연을 보는 동안이라도 삶의 고단함을 잊고 그리고는 다시 살아갈 수 있는 희망을 얻었을 것이다.

줄 다신 감독의 영화 〈일요일은 참으세요〉에는 멜리나 메르쿠리가 아테네 피비우스 항구에서 선원들을 상대로 장사하는 거리의 여자로 나온다. 비록 비천한 직업을 가지고 있지만, 그녀에게는 하나의 철칙이 있다. 일요일에는 절대 영업을 하지 않는 것이다. 그 이유는 일요일마다 그리스 비극을 보러 아테네에 있는 그리스 극장에 가기 때문이다. 그 옛날 고대 그리스인들이 디오니소스 축제 동안 매일 저녁 극장으로 발걸음을 옮겼던 것처럼 그녀에게도 일요일마다 그리스 비극을 본다는 것은 고단했던 한 주의 삶을 잊고 다시 살아갈 수 있는 삶의 의지를 갖게 해주는 생활의 활력소 같은 것이었다.

그녀는 그리스 비극을 관람하는 자신만의 독특한 방식이 있었다. 그것은 상연되는 극의 내용을 연극 무대에서 일어나는 그대로 보지 않고 자기 맘대로 상상 속에서 각색해서 보는 것이었다. 그래서 자신의 생일파티에 놀러 온 부두 노동자들에게 들려주는 〈메데이아〉와 〈오이디푸스〉의 결말은 "그리고 그들은 모두 해변으로 놀러 가서 행복하게 잘 살았다"로 끝을 맺는다. 선원들을 상대로 몸을 파는 비천한 직업을 가졌지만 그래도 일요일에는 아테네까지 비극 공연을 보러 간다는 설정은 아마 고대 그리스인들의 삶의 방식을 그들의 관점에서 이해한 감독의 계산이 있었을 것이다. 그러니 2,500여 년 전 고향을 떠나 새로운 삶의 개척지로 식민도시를 건설하면서도 이런 멋진 극장을 세우지 않았을까.

가파른 계단을 따라 올라가 객석에 앉아 아래를 굽어보는 순간 지금까지 어디서도 볼 수 없었던 자연을 배경으로 한 무대가 바로 눈앞에 펼쳐져 가슴이 벅차올랐다. 2,500년 전의 유적과 항상 같은 자리에 있는 자연경관과의 조화는 그 어떤 예술작품보다 보는 사람들에게 감동을 선사하는 멋진 한 폭의 그림이었다.

극장 맨 위 객석으로 자리를 옮겼다. 이곳에서 보는 전망은 중심가 광장 전망대에서 봤던 것과는 또 다른 느낌이다. 전망대에서는 앞이 확 트인 자연경관 그 자체였지만 극장에서는 마치 자연이라는 거대한 프레임 안에 무대장치와 관객석이 멋진 조화를 이룬 신의 창조물처럼 느껴졌다. 이런 예술작품은 사진으로도 남길 수 있겠지만 바로 이 자리에서 그 순간 느꼈던 감흥과 똑같을 수는 없다. 오래도록 그 감동을 원한다면 가슴 깊숙이 묻어둘 수밖에 없다.

특히 무너진 무대장치 틈새로 보이는 이오니아해와 에트나 화산은 한옥 창호지 문과 바깥 풍경처럼 관객도 원래 그 자리에 있었던 무대 소품인 듯 자연스럽게 어우러진다. 시라쿠사의 그리스 극장보다 규모는 작지만 보존 상태는 훨씬 좋은 것 같다. 특히 무대 소리 울림이 좋았는데 이런 뛰어난 음향효과의 비결은 청중들의 소음과 같은 저주파 소리는 흡수하고, 공연자의 고주파 소리는 증폭시켜 주는 석회암 계단으로 된 관람석 덕분이라고 한다.

여행이 끝난 후 다시 생각해보니, 시칠리아에서 가장 한가롭고 평온한 시간을 가졌던 곳이 바로 이 극장에서다. 함께 혹은 조용히 각자 원하는 자리에 앉아 멀리 보이는 에트나 화산과 코발트빛 이오니아 바다를 바라보니 문득 이 장소가 낯설지 않았다.

하늘과 바다, 태양과 산이 빚어내는 조화

〈오렌지 향기는 바람에 날리고〉 합창곡을 허밍으로 부르며 시칠리아 여행 내내 찾고 싶었던 바람에 날리는 오렌지 향기를 후각으로 음미했다. 아마도 시로코 바람에 실려 이오니아해를 건너, 이탈리아 본토 쪽으로 금빛 날개를 타고 날아간 것 같았다. 이탈리아를 처음 여행했던 때가 생각난다. 호텔에서 아침 식사로 오렌지 주스를 주문했는데 빨간색 음료가 나와 토마토 주스인 줄 알고 난감했는데 알고 보니 속이 빨간 오렌지 아란차 로싸(arancia rossa)였다. 유럽에서 먹어본 오렌지 주스 중 가장 상큼한 맛이었기에 생각만으로도 입가에 침이 돈다.

이렇게 타오르미나는 그리스 극장 한 곳만을 보기 위해 시간을 투자한다고 해도 아깝지 않은 곳이다. 천혜의 자연조건으로 많은 열강이 탐냈던 해안 도시 타오르미나 안에서도 가장 빼어난 경관을 자랑하는 언덕 위에 자리한 극장에 앉아 자연을 감상하는 것만으로도 행복한 곳이다. 관람석에 앉아 멀리 바라보면 유럽에서 가장 높은 활화산 에트나가 위풍당당한 기세를 뽐내고 있고 산밑으로는 에메랄드빛 이오니아해가 너울거리고 있다. 내가 알고 있는 한 세상에서 가장 큰 자연의 축복을 받은 곳. 나는 산과 바다, 하늘과 태양까지 자연이 줄 수 있는 모든 선물을 한 번에 다 가진 타오르미나가 한없이 부러웠다. 그리고 짧은 시간이었지만 나도 그 자연의 일부가 되어 함께했던 시간들을 가슴속 깊은 곳에 묻었다.

마씨모 극장에서 인생의 아이러니를

● 환희와 절망을 연달아 맞는 인생의 아이러니를 잘 보여준 라스트 신이 인상적인
영화 〈대부 3〉의 촬영장소 마씨모 극장 계단 입구.

마그나 그레치아를 둘러보는 마지막 날 시칠리아의 주도 팔레르모를 찾았다. 이오니아해를 바라보는 카타니아, 시라쿠사, 타오르미나 그리고 지중해에 접한 아그리젠토를 거쳐 테레니아해에 면한 시칠리아의 최대 도시 팔레르모까지 숨 가쁘게 달려왔다. 팔레르모 구시가지로 들어가는 아치형 성문을 지나면서 버스에서 바라본 건축물과 거리풍경은 무언가 통일감이 없고 무질서해 보였다. 그 느낌은 시칠리아에 대해 막연하게 생각했던 이국적이면서 번잡스러운 이미지와 딱 들어맞는 것 같았다.

지배세력의 교체를 압축한 관문 '포르타 누오바'

구시가지의 관문인 포르타 누오바(Porta Nuova)는 16세기 스페인 왕국 카를로스 5세가 이 도시에 들어온 것을 기념하기 위해 본

- 팔레르모로 들어오는 관문인 포르타 누오바.
  네 개 층이 모두 각기 다른 양식으로 건축돼 이 도시의 다양성을 잘 보여주고 있다.

시칠리아 243

래 있던 문을 부수고 그 자리에 새로 세웠다는 의미에서 '새 문'이라고 이름 붙였다고 한다. 1층 아치문을 중심으로 양옆에 자리한 무어인 4명의 부조는 무척 이국적인 분위기를 풍겼다. 조각을 주의 깊게 살펴보면 안쪽 두 명은 팔이 없고 바깥쪽 두 사람은 양팔이 묶여 있는데, 아랍인을 물리친 상징적인 의미를 표현해 놓은 것 같았다. 네 개 층을 각기 다른 양식으로 건축한 아랍식 문루를 바라보고 있으니, 마치 지배자가 계속 바뀌었던 팔레르모의 파란만장한 역사를 파노라마로 보는 듯했다.

구시가지의 최고 번화가인 콰트로 칸티(Quattro Canti)는 비토리오 에마누엘레 거리와 마퀘다 거리가 교차하는 사거리다. 네거리 각 모퉁이에 화려하게 장식한 바로크식 4층 건물이 마치 컴퍼스로 정확하게 재단한 듯 모두 가운데가 오목하게 들어간 형태로 똑같이 서 있었다. 1층에는 사계절을 상징하는 여신상, 2층에는 이 도시를 통치했던 왕들 조각 그리고 3층엔 가톨릭 성녀 조각을 올려놓았다. 조금 전 통과한 누오바 개선문 위에 조각돼 있었던 무어인 부조와 너무나 다른 분위기라 어지럽기도 했다. 하지만 다시 생각해보면 이렇게 여러 문화가 뒤엉킨 채로 1,000년 이상 도시의 명맥을 유지해 왔다는 것만으로도 대단하다는 생각이 들었다.

이탈리아와 통합을 기념해 22년에 걸쳐 세운 극장

콰트로 칸티를 남북으로 이어주는 마퀘다 거리를 따라 마씨모 극장에 도착했다. 극장은 '거대한'이라는 이름의 의미처럼 이탈리아에서 가장 큰 극장이다. 1861년 주제페 가리발디 장군이 시칠리아를 정복하면서 이탈리아 왕국에 통합된 기념으로 이 웅장한 극장을 짓게 됐다고 한다. 1875년에 시작해 1897년 개관할 때까지 무려 22년이 걸려 건축된 극장의 외관 역시 시칠리아의 역사를 보여주는 듯 건물 양식은 통일된 단일 양식이 아닌 여러 가지가 혼재된 스타일로 지어졌다.

● 　마그나 그레치아 그랜드 투어를 끝내고 마씨모 극장 계단에 앉아서.

계단으로 연결된 입구는 고대 그리스 신전을 본뜬 6주의 코린토스식 건물로 파사드가 돌출된 형태로 지어졌으며 그 양옆으로 나란히 균형을 맞춘 아치형 문이 많은 양식의 건물이다. 정면의 코린토스식 두주 양식만 빼고는 아그리젠토의 콩코르디아 신전과 많이 닮았다. 극장 지붕 돔은 피렌체의 두오모를 닮은 듯하기도 하고, 여행 첫날 잠깐 들렀던 소피아 성당의 돔과도 흡사해 보였다. 결국 이 극장의 건물 양식도 팔레르모를 지배했던 수많은 문화의 다양한 스타일을 혼합해서 새로운 시칠리아만의 스타일을 만들어낸 셈이다.

주세페 베르디가 주인공인 극장

극장 왼편 정원에는 주세페 베르디의 조각상이 있다. 오페라 역사 특히 이탈리아 오페라에서 베르디를 빼고는 얘기할 수가 없으니 음악가의 흉상을 세워놓은 것은 당연하게 느껴졌다. 극장이 위치한 주변도 베르디 광장이고, 극장의 개관 축하 공연에도 그의 26편 오페라 중 마지막 작품인 〈팔스타프〉가 무대에 올려졌다고 한다.

가리발디 장군처럼 비록 통일 전쟁에 직접 참가하진 않았지만, 사실 북이탈리아 국민들에게 민족주의 의식을 고취시켜 독립의 희망을 불어 넣어준 사람은 음악가 주제페 베르디라고 해도 과언이 아니다. 사랑하는 아내와 아이 둘을 연이어 잃고 실의에 빠져 있던 작곡가가 절망 속에서 1842년 작곡한 오페라 〈나부코〉는 바빌론에 잡혀가 노예가 된 히브리 민족의 애환을 담은 오페라다.

극 3막에 나오는 합창곡 〈히브리 노예들의 합창〉은 "날아가라 내 마음이여, 금빛 날개를 달고" 이런 가사로 시작되는데 아름다운 선율과 함께 들을 때마다 큰 감동을 느끼게 되는 가사로 이 곡을 들어본 청중은 누구라도 좋아하지 않을 수 없는 합창곡이다. 처음 이 오페라를 관람했던 밀라노 시민들은 이 노래를 들으며 눈물을 흘리고 같이 따라 불렀다고 한다.

나라를 빼앗긴 민족의 애환을 담은 이 합창곡 덕분에 북이탈리아 국민들은 오스트리아의 압제에서 벗어나겠다는 의지를 불태웠다고 할 수 있다. 그 당시 밀라노 극장 주변에는 Viva VERDI 라는 낙서가 넘쳐흘렀는데 그것은 단순히 "베르디 만세"라는 의미보다는 이탈리아의 왕 비토리오 에마누엘레(Vittorio Emanuele, Re D'Italia)라는 뜻의 첫 글자를 따, 베르디라는 뜻으로 썼다고 하니 거의 왕 대접까지 받은 셈이다.

지금도 이탈리아 사람들은 이 오페라를 대단히 좋아하는데, 1986년에 있었던 리카르도 무티의 라 스칼라 음악감독 취임 공연에서는 〈히브리 노예들의 합창〉이 끝나자 열광적인 박수가 무려 30분 동안 쏟아졌다고 한다.

화려하면서도 실용적인 내부

로비에 들어서면 첫 번째로 만나는 흉상의 주인공이 바로 이 극장을 설계한 건축가 지오반 바티스타 필리소 바실라다. 극장을 처음 봤을 때 느꼈던 대로 고대 아그리젠토 그리스 신전 건축에서 영감을 얻어 신고전주의풍 스타일로 디자인했다고 한다. 다만 주두는 도리스식이 아닌 코린토스식을 채택해 화려함이 배가 됐다. 후기 르네상스 스타일을 적용한 대극장은 원래 3,000명을 수용할 수 있는 규모로 설계됐지만, 그 규모가 축소돼 현재는 1,380석의 좌석을 보유하고 있다.

극장 내부 투어를 하면서 특히 인상 깊었던 것은 인테리어가 무척 고급스러웠다는 점이다. 무대는 고급 실크와 벨벳으로 장식돼 있었고 객석은 유럽의 고전극장에서 많이 봤던 황금색과 붉은색이 주를 이루고 있었다. 로비에 들어왔을 때 처음 받았던 인상은 고풍스럽고 중후한 느낌이었는데 내부는 화려함으로 가득 차 있었다.

2층부터 객석은 모두 발코니 박스석으로 지어진 전형적인 이탈리아식 극장 구조를 하고 있었다. 무대와 5층 높이의 관람석이 하나로 연결된 듯 통일감을 보여주고 있어 관객들에게 편안함도 선사하고 있었다. 특히 무대 중앙의 커다란 돔 천장에는 열한 종류의 아름다운 야생화를 그려놓았다. 신기하게도 각 11개의 그림은 환기를 할 수 있는 개폐문 시스템을 갖추고 있어 휠을 돌리면 각 그림 패널들이 위로 열리는 편리함과 실용성까지 갖춘 점이 놀라웠다.

투어 마지막은 공연 중간 인터미션에 담화를 나누거나 음료수를 마실 수 있는 라운지에서 직접 해보는 체험이었다. 특이하게 로텐더 홀 가운데 돔처럼 높은 천장이 있었는데 바닥에 표시된 원형 안에 서서 소리를 내면 공명을 하는 음향효과가 최고인 장소였다. 가장 멋진 경험은 무대를 정면에서 내려다볼 수 있는 2층 로얄석에 앉아본 것이다. 오페라 공연 무대를 직접 볼 수 있었다면 더할 나위 없었겠지만 스케줄에 쫓기는 일정이다 보니 로얄석에 잠시 앉아서 영화 〈대부 3〉에서 마이클 코를레오네로 분한 알 파치노와 그 가족들이 바로 이 좌석에서 공연을 감상했던 장면을 회상해 보는 것으로 아쉬움을 달래야 했다.

〈대부 3〉에서는 마이클의 아들 안소니가 처음으로 오페라 무대에 데뷔하는 장면이 끝부분에 나온다. 바로 이 팔레르모의 마씨모 극장 2층 로열 박스에 코를레오네 일가친척들이 모두 모여서 안소니의 데뷔 무대를 가슴 벅찬 감동으로 지켜본다. 극 중 오페라는 시칠리아가 배경인 피에트로 마스카니의 오페라 〈카발레리아 루스티카나〉다. 오페라가 끝나고 박스석에서 뜨거운 기립 박수를 아낌없이 보냈던 가족들은 안소니의 성공적인 데뷔가 피로 얼룩졌던 코를레오네 가문의 잔혹했던 과거를 예술로 승화시

켜줄 거라 확신하며 가문의 영광으로 길이길이 기억하고 싶어 한다. 특히 알파치노는 이제 코를레오네 가문에도 노래하는 예술가가 나왔다며 오랜만에 함께 자리한 오랜 연인이며 옛 아내였던 다이앤 키튼과 다정한 눈빛을 교환한다.

하지만 일순간의 행복 뒤엔 사랑하는 딸의 죽음을 목격하게 되고. 아이러니하게도 그 슬픔을 달래주는 음악이 조금 전 아들이 데뷔 무대를 치렀던 오페라 〈카발레리아 루스티카나〉에 나오는 간주곡이다. 아름답지만 묘한 슬픔이 배어 있는 음악이 흐르는 마지막 장면에서 나는 현진건의 단편소설 〈운수 좋은 날〉을 떠올렸다. 가장 운이 좋았다고 생각했던 날 맞이하는 불행이라니. 이게 바로 인생의 아이러니가 아닐까.

마씨모 극장 앞 계단은 제법 높고 넓다. 계단하면 파리의 몽마르트르이 사크레 쾨르 성당 앞 계단이나 로마의 스페인 광장의 분수 앞 계단 또 남산 야외음악당에 오르는 계단 등 낭만적인 요소가 많이 깃들어 있다. 나는 시칠리아를 떠나기 전 마지막 시간을 극장 앞 계단에 앉아서 숨가쁘게 지나왔던 '마그나 그레치아'의 흔적들을 다시 돌이켜보았다.

극장에 오기 전 바삐 둘러봤던 팔레르모 대성당은 촉박한 시간에 보기에는 너무나 방대한 규모라 두루 둘러보지는 못했지만, 여러 문명의 지배를 받았던 팔레르모의 역사가 그대로 담겨 있었다. 하지만 노르만 양식으로 아름답게 남아 있는 성당 내부를 둘러보면서 야만족이라고 생각했던 바이킹에 대한 선입견을 바꾸는 좋은 기회가 됐다.

제주도의 14배나 된다는 광대한 섬 시칠리아. 일주일 남짓한 시간 동안 시칠리아를 다 돌아본다는 것은 불가능하지만, 그 짧은 기간 동안 그리스 문명의 흔적을 찾아서 다녔다. 하지만 그때는 몰랐다. 시칠리아가 이렇게 매력적인 곳인 줄은. 여행에서 돌아온 후 다시 돌이켜보니 그곳은 이탈리아 본토와는 또 다른 독특한 매력이 있는, 알면 알수록 더 그 속내를 캐내고 싶은 그런 곳이었다. 사시사철 온화한 기후, 자연의 혜택을 듬뿍 받은 뛰어난 경관을 자랑하는 수많은 도시들. 이탈리아 왕국에 병합될 때까지 2,000여 년의 세월 동안 수많은 외래 문명의 지배를 받고 각기 다른 문화를 꽃피운 왕국. 이곳에서는 매우 색다른 정취가 느껴진다.

건물은 갖가지 특색 있는 건축양식을 하고 저마다 제 색깔을 낸다. 무질서 가운데 이국적인 향취를 자신들의 정체성으로 발전시킨 팔레르모가 그래서 시칠리아섬의 주도가 되지 않았을까. 처음에는 바로 그 아름다움을 느낄 수 없지만 시간이 지날수록 문화의 용광로로 잘 버무려 새로운 시칠리아 스타일을 만들어낸 팔레르모가 가진 매력을 오래 간직하면서 '마그나 그레치아'의 대여정을 마무리했다.

찬란했던 역사를 찾아 떠난 그리스문화 답사기

루첼라이 정원의 산책자들

1판 1쇄 2022년 10월 5일

지 은 이 강인순

발 행 인 주정관
발 행 처 더좋은책
주   소 서울특별시 마포구 양화로 7길 6-16
서교제일빌딩 201호
대표전화 02-332-5281
팩시밀리 02-332-5283
출판등록 2011년 11월 25일(제2020-000287호)
홈페이지 www.ebookstory.co.kr
이 메 일 bookstory@naver.com

ISBN 978-89-98015-40-4 03920

※잘못된 책은 바꾸어드립니다.